LES MOIS,

POEME.

IMPRIMERIE ET FONDERIE DE J. PINARD,
RUE D'ANJOU-DAUPHINE, n° 8.

LES MOIS
Poème
PAR ROUCHER

Paris

Ch. Froment libraire
Quai des Augustins
N° 37.

LES MOIS,

POEME EN DOUZE CHANTS,

PAR ROUCHER.

Per duodena regit mundum sol aureus astra.
VIRGILIUS.

PARIS.
FROMENT, LIBRAIRE,
QUAI DES AUGUSTINS, N° 37.

1825.

NOTICE
SUR ROUCHER.

Né en 1745 sous le beau ciel de Montpellier, dans cette patrie des arts, de la santé, de l'amour et de l'imagination, J. A. ROUCHER étudia d'abord au collége des Jésuites, qui voulurent s'attacher un élève d'une aussi haute espérance; mais le jeune disciple avait trop de noblesse dans l'esprit et d'indépendance dans les idées, pour ne pas suivre bientôt l'exemple de Gresset et de Guimond-Latouche. Transfuge heureux de l'école des bons pères, l'instinct irrésistible de la poésie fut le seul motif qui le releva de ses vœux; et il abandonna l'état ecclésiastique. Dès son début dans la carrière des lettres, ami d'Imbert et de Berquin, il mérita la bienveillante protection du sage Turgot, dont les soins généreux voulurent lui créer une aisance qui devait tourner au profit de sa gloire poétique. Roucher, célébrant son bienfaiteur après sa disgrâce, parut moins touchant peut-être, mais aussi noble, aussi courageux que La Fontaine adressant à Fouquet son immortelle élégie.

Je ne parlerai point de l'accueil distingué qu'obtinrent ses premiers essais; on y remarquait déjà ce génie descriptif et cette heureuse audace de coloris qui, plus tard, firent le succès des *Mois*. Examinons donc un moment cet ouvrage, publié en 1778, ce poëme, titre principal de l'auteur, puisqu'il lui assure une si belle place parmi les poëtes qui ont su peindre à l'âme et à la pensée, par la vérité du sentiment et le pittoresque de l'expression. En vain La Harpe soutient que l'ouvrage, prôné comme une merveille dans les lectures particulières, tomba dès son apparition, voulant assimiler la brillante peinture des *Mois* à l'œuvre infortunée de Chapelain ; le temps fait justice de toute critique outrée et mensongère ; on reconnaît tôt ou tard les beautés réelles ; et il en est de plus d'une espèce dans la production qui nous occupe. Tous les amateurs de beaux vers, d'une facture savante et hardie, de la magnificence d'un style périodique et plein de verve ; les vrais amis de la campagne et des plaisirs champêtres ont retenu le Mois de Mai, les excellens épisodes sur les fleurs d'Avril, les moissons, la veillée villageoise. Quels tableaux animés que ceux des aurores boréales, des glaciers des Alpes, de la débâcle !..... Mais c'est surtout lorsqu'il retrace les délices de la vie pastorale que le pinceau de Roucher prend de la flexibilité, de la douceur, de la grâce même...... Un homme auquel il fut redevable de ne pas être de l'Académie, l'enthousiaste, l'ami de la nature, Jean-Jacques, lui répétait souvent qu'*il l'avait réconcilié avec la grande poésie française*. Ce suffrage du cœur et du génie peut balancer la censure d'un haineux et froid Aristarque.

Le seul tort de Roucher c'est d'avoir pris quelquefois la bizarrerie pour l'originalité, l'enflure pour le sublime; on lui reproche des alliances de mots forcées, d'intolérables figures, et des enjambemens vicieux; mais dans ces malheureuses innovations il ne faillit que par excès de zèle poétique; et l'on pourrait dire de cet amant idolâtre de l'art des vers :

« Il serait innocent, s'il l'avait moins aimé. »

Si la passion mal raisonnée du grand et du beau fut, en littérature, la source de toutes ses erreurs, les mêmes causes, en politique, précipitèrent sa fin déplorable; et les fautes du citoyen ne tinrent, comme celles du poète, qu'à un faux système. Son âme, noble et indépendante, embrassa d'abord avec ardeur les principes de la révolution; mais quand il s'aperçut que d'indignes régénérateurs substituaient à la liberté qui fonde, la liberté qui détruit; quand il vit égorger ses frères au nom de la raison, de la justice et des lois, ce fut alors que, par son opposition courageuse, il s'empressa de mériter la haine des bourreaux; il devint leur victime pour se punir d'avoir pu paraître un moment leur complice. Président de section, la noble réponse qu'il fit aux soldats assassins du brave Desilles changea pour eux les apprêts d'une fête en accusation foudroyante. Enfin l'année 1791 fut témoin de sa lutte contre le terrible Danton; lutte inégale, puisque c'était la vertu aux prises avec le vice et l'immoralité dans toute son audace!

Cependant l'adversité va devenir sa saison brillante : sous la tyrannie décemvirale, vainement il se cache et voudrait rendre sa carrière inaperçue pour la consacrer à d'innocentes études et à l'éducation d'une fille adorée, déjà le réclame la hache révolutionnaire. Dès ce moment commence le généreux combat de l'amitié poursuivie et de l'amitié protectrice.... Arrêté, relâché, puis arrêté de nouveau le 4 octobre 1793, il pourrait fuir, mais il rougirait d'exposer plus long-temps d'autres têtes pour la sienne, et il se laissa conduire à Sainte-Pélagie. Après sept mois de détention, Saint-Lazare a reçu le prétendu *suspect*. Rien ne saurait abattre son courage ; il faut voir, dans sa correspondance, quelles consolations ce malheureux père puisait contre ses infortunes. Ce n'était point le faste, ni le flegme apparent de l'orgueilleux stoïcisme : Roucher sentait combien il est cruel de quitter la vie, lorsqu'on doit laisser une femme, une fille, un fils, des amis inconsolables ; mais il n'en jouait pas moins avec la mort ; et l'arrêt fatal du 7 thermidor surprit, pour ainsi dire, au milieu d'une question de goût et de littérature, cet homme signalé comme le chef redoutable de la conspiration de

Saint-Lazare. Des trente-huit victimes envoyées avec lui à l'échafaud, il périt le dernier, et n'avait pas encore cinquante ans.

La veille de sa mort il se fit peindre, et l'on ne saurait lire sans attendrissement les vers tracés au bas de son portrait..... Mais la plus belle image qu'il pût laisser à ses amis et à ses parens était celle de sa vie entière, qui ne fut qu'un bienfait, hélas ! trop court. Aimable et indulgent par caractère, d'une âme noble et compatissante, digne d'admirer le philosophe genevois, qui lui rendait cette admiration, digne de posséder l'estime et l'amitié de Turgot et du président Dupaty, de recueillir l'honorable indigence du peintre de Joseph, il ne mérita pas moins de s'allier au noble sang de l'héroïne de Beauvais, celui qui consacra les prémices de sa lyre à la gloire de son pays, qu'un auguste hymen [1] semblait devoir mettre à l'abri des tempêtes....... Le nom de

---

[1] Mariage de Louis XVI avec l'archiduchesse d'Autriche.

Roucher n'est pas encore éteint pour les lettres : puisse-t-il se perpétuer avec ses talens et ses vertus dans son estimable fille (Mme G.........), cette intéressante Eulalie dont la piquante et spirituelle correspondance adoucit les derniers momens du meilleur des pères !.... On assure même qu'elle se propose de publier plusieurs manuscrits de l'auteur des *Mois ;* c'est le plus bel hommage qu'elle puisse payer à sa mémoire.

Hourdou.

LES MOIS,

POEME,
EN DOUZE CHANTS.

Ambitieux rival des maîtres de la lyre,
Qu'un autre des guerriers échauffe le délire ;
Qu'un autre, mariant de coupables couleurs,
Soit le peintre du vice, et le pare de fleurs :
Moi, voué jeune encore à de plus nobles veilles,
Moi, qui de la nature observai les merveilles,
J'aime mieux du soleil chanter les douze enfans,
Qui, d'un pas inégal, le suivent triomphans,
Et de signes divers la tête couronnée,
Monarques tour à tour, se partagent l'année.

Sur la roche sauvage, où le chêne a vieilli,
J'irai m'asseoir ; et là, dans l'ombre recueilli,
A l'aspect de ces monts suspendus en arcades,
Et du fleuve tombant par bruyantes cascades,

Et de la sombre horreur qui noircit les forêts,
Et de l'or des épis flottant sur les guérets ;
A la douce clarté de ces globes sans nombre,
Qui, flambeaux de la nuit, rayonnent dans son ombre ;
A la voix du tonnerre, au fracas des autans,
Au bruit lointain des flots se croisans, se heurtans,
De l'inspiration le délire extatique
Versera dans mon sein la flamme poétique,
Et, parcourant les mers, et la terre, et les cieux,
Mes chants reproduiront tout l'ouvrage des dieux.

Bienfaiteur des mortels, ô géant invincible,
Dont l'Hercule thébain fut l'image sensible ;
Toi qui combats toujours, et toujours plus ardent,
De triomphe en triomphe atteins à l'occident ;
Toi qui de la nature enfantas l'harmonie,
O soleil ! c'est toi seul qu'implore mon génie.
Sois l'astre de ma muse, et préside à mes vers :
Comme toi, mon sujet embrasse l'univers.

LE PRINTEMPS.

CHANT PREMIER.

MARS.

Grossis par le torrent des neiges écoulées,
Les fleuves vagabonds roulent dans les vallées ;
Et les rochers de glace, aux Alpes suspendus,
Sous un ciel plus propice amollis et fondus,
Se changent en vapeurs, et pèsent sur nos têtes.
La mer gronde ; les vents précurseurs des tempêtes
Courent d'un pôle à l'autre, et, tourmentant les flots,
Entourent de la mort les pâles matelots.

Mais du joug de l'hiver la terre enfin se lasse :
La terre, trop long-temps captive sous la glace,
Lève ses tristes yeux vers le père des mois,
Et, frissonnante encor, remplit l'air de sa voix.
« Dispensateur du jour, brillant flambeau du monde,
« Des vapeurs, des brouillards perce la nuit immonde;

« Impose un long silence aux aquilons jaloux,
« Et rends à mes soupirs le Printemps mon époux. »

Elle se tait : le dieu, sensible à sa prière,
Remonte à l'équateur ; là, rouvrant sa carrière,
Il chasse au loin l'hiver, repousse les autans,
Et des rives du Nil appelle le Printemps :
« Prends tes habits de fleurs, mon fils, prends la ceinture
« Qui pare tous les ans le sein de la nature ;
« Va : la terre soupire, et ses flancs amoureux
« Attendent la rosée et tes germes heureux :
« Mon fils, va la remplir de ton âme éthérée. »

Le Printemps à ces mots fend la plaine azurée,
Et, porté mollement sur l'aile des Zéphirs,
De l'hymen créateur vient goûter les plaisirs.
La terre, devant lui frémissant d'allégresse,
S'enfle, bénit l'époux qu'implorait sa tendresse,
L'embrasse, le reçoit dans ses flancs entr'ouverts ;
La sève de la vie inonde l'univers.

De cet hymen fécond, dieux, quels biens vont éclore !
Déjà d'un feu plus vif l'Olympe se colore.
Le Bélier, du Printemps ministre radieux,

Paraît, et, s'avançant vers le plus haut des cieux,
De la terre amoureuse annonce l'hyménée,
Et, vainqueur de la nuit, recommence l'année.

A peine dans les airs dévoile-t-il son front,
Que soudain, tressaillant dans son antre profond,
L'immortel Océan gronde, écume de joie,
S'élève, et sur la plage à grands flots se déploie.
Sa vague mugissante appelle à d'autres bords
Ces vaisseaux que l'hiver enchaînait dans nos ports.

Les voilà donc ces jours si rians, si prospères,
Ces jours qui tarissaient les larmes de nos pères !
Tous les ans, quand l'hiver dans son obscurité
Engloutissait leur dieu, le dieu de la clarté,
Un long deuil sur les murs des sacrés édifices
S'étendait ; et l'autel, privé de sacrifices,
Sans brasier, sans parfum, sans lampe, sans flambeau,
Figurait le soleil éteint dans le tombeau.

Durant trois jours entiers consacrés aux ténèbres,
Aux lamentations, aux pleurs, aux chants funèbres,
Ils craignaient que leur dieu, brisé par un géant,
N'entraînât avec lui l'univers au néant.

Mais, sitôt que vainqueur de cette nuit funeste,
Il rallumait ses feux sous le Bélier céleste ;
Les brasiers, les flambeaux, éteints sur les autels,
Brillaient, renouvelés aux regards des mortels ;
Des nuages d'encens emplissaient les portiques,
Et le prêtre et le peuple, en de joyeux cantiques,
S'écriaient : « Notre dieu renaît à la clarté :
« Célébrons son triomphe : il est ressuscité. »

Pouvoient-ils en effet refuser leur hommage
A l'astre qui des dieux est la plus belle image,
Quand ce roi de lumière, au Bélier de retour,
De ses douze palais recommençait le tour ?
Lorsque des premiers temps l'antique témoignage,
Par la voix des vieillards confirmé d'âge en âge,
Disait aux nations, en de sublimes vers,
Qu'au Printemps, le chaos enfanta l'univers ?

La terre aime à le croire et le répète encore.
Oui, dit-on, le Printemps a vu le monde éclore ;
Il a vu dans les airs monter le front des bois ;
Du premier rossignol il entendit la voix ;
Les fleuves devant lui jaillirent des montagnes,
Et son souffle épura les célestes campagnes :

Siècle heureux, siècle d'or, trop chéri des neuf Sœurs,
Qui cent fois de cet âge ont chanté les douceurs.

Si j'en crois leurs concerts, le monde à sa naissance,
Ainsi que dans la paix, vivait dans l'innocence.
Des mœurs, et point de lois; du moins nul souverain
Ne les faisait parler sur des tables d'airain.
Les orages, les vents se taisaient : la froidure
Respectait les beaux jours, les fleurs et la verdure.
Les flots roulaient captifs dans leur vaste bassin ;
Et tandis qu'aux zéphirs la terre ouvrant son sein,
Sans jamais s'épuiser, partout faisait éclore
Les plus doux fruits, mêlés aux dons rians de Flore,
Les agneaux et les loups ensemble confondus
Caressaient les mortels sur la mousse étendus.
Tous amis, tous égaux, les mortels, sans envie,
Dans un calme profond laissaient couler leur vie :
La flûte doucement soupirait sous leurs doigts ;
Ils chantaient; les troupeaux bondissaient à leurs voix :
Le tigre était lié d'une invincible chaîne,
Et le miel distillait de l'écorce du chêne.

Oh! comme le mensonge à l'aide des beaux vers
Peut aisément tromper ce crédule univers !

Nous vantons le bonheur de ces belles journées,
Qu'aux premiers des humains firent les destinées ;
Et jamais il ne fut d'âge plus malheureux.

Les élémens impurs, luttant sans cesse entr'eux,
Sur le monde naissant promenaient le ravage.
L'Océan mutiné s'égarait sans rivage.
Ce globe, sur son axe encor mal affermi,
Flottait d'un pôle à l'autre ; et, long-temps endormi,
Le soleil au hasard éclaira la nature.
Les champs, terrains fangeux, languissaient sans culture.
Eh ! comment les dompter ? le génie inventeur
N'avait point amolli le fer agriculteur.
Les besoins dévorans, l'importune détresse
De l'homme faible et nud, châtiaient la paresse :
Une horrible maigreur déformait tous ses traits.
Jeté par les destins au milieu des forêts,
Sur la ronce épineuse errant à l'aventure,
Il demandait au chêne une vile pâture ;
Heureux de la ravir, armé d'un pieu sanglant,
Au vorace animal qui s'engraisse de gland.

Maintenant regrettez, chastes sœurs d'Aonie,
De l'univers naissant les vertus, l'harmonie,

Et son dieu protecteur chassé par Jupiter !
Votre heureux siècle d'or fut un siècle de fer.
C'est nous, nous qui vivons sous l'empire d'Astrée,
Enfans et favoris de Saturne et de Rhée,
Nous voyons tout renaître au gré de nos désirs ;
La terre sans repos travaille à nos plaisirs,
Et le ciel étoilé roule en paix sur nos têtes.
Si des climats de l'Ourse, escorté des tempêtes,
Revole tous les ans le démon des hivers,
Le Printemps à son tour console l'univers.

Tout germe devant lui, tout se meut, tout s'avive.
L'onde étincelle et fuit d'une course plus vive ;
La pelouse déjà rit aux pieds des coteaux :
Partout un suc laiteux gonfle les végétaux.

Ce fluide invisible, errant de veine en veine,
Sur les prés rajeunis fait monter la verveine,
Qui demandait la paix au nom des rois vaincus ;
Il bleuit l'hépatique, il dore le crocus,
Et du plus doux parfum nourrit la violette,
Humble fleur, qui déjà pare l'humble Colette.

Jusqu'au fond des forêts, l'arbre imbibé des sels

Que la terre a reçus dans ses flancs maternels,
Quand l'hiver, attristant les climats qu'il assiège,
Les voilait de brouillards, les tapissait de neige,
L'arbre sent aujourd'hui sa sève fermenter :
Dans ses mille canaux, libre de serpenter,
De la racine au tronc, et du tronc au branchage,
Elle monte, et s'apprête à jaillir en feuillage.

Redouble, heureux Printemps, redouble tes bienfaits !
Qu'en tous lieux, aux rayons des beaux jours que tu fais,
Des végétaux amis la foule t'environne !
Prête au chêne affermi sur les monts qu'il couronne,
Prête un suc astringent, qui, par un prompt secours,
De mon sang épanché doit rallentir le cours ;
Donne au riant ormeau la liqueur épurée
Par qui s'éteint l'ardeur de la fièvre altérée ;
Au frêne, la vertu de consoler des yeux
Affaiblis et blessés de la clarté des cieux ;
Au tilleul...; mais, hélas ! quel mortel peut connaître
Tout le pouvoir des sucs que ta chaleur fait naître ?
Linné, qui d'un regard, à la Parque fatal,
Débrouilla le chaos du règne végétal ;
Adanson et Jussieu, ces fidèles oracles
D'un monde où la nature a semé les miracles,

Mille fois en perçant, et les bois épineux,
Et les vallons déserts, et les rocs caverneux,
N'avouèrent-ils point qu'à la faiblesse humaine
Se cachait la moitié d'un si vaste domaine?
Sans doute à nos regards les temps pourront l'ouvrir;
Mais par combien de soins il la faut conquérir!
La nature, semblable à l'antique Protée,
D'obstinés curieux veut être tourmentée;
Elle aime les efforts des mortels indiscrets :
C'est l'importunité qui ravit ses secrets.

Vous donc, qui pleins d'ardeur épiez ses merveilles,
O sages, redoublez de travaux et de veilles!
La nature à vos yeux cèle encor bien des lois.
Savez-vous seulement quel pouvoir dans les bois
Ramène ces corbeaux, qui, citoyens des plaines,
Y défiaient du nord les piquantes haleines?
Sur quel présage heureux, en amour réunis,
Ils ont prévu le temps de réparer leurs nids?
Comment, pour se construire un palais moins fragile,
Ils ont mêlé la ronce et le bois à l'argile?
Qui leur en a tracé le contour régulier?
Quel dieu leur a prédit que le haut peuplier,
Et le pin, dont la cime a fui loin de la terre,

Leur prêtant contre nous un abri salutaire,
Défendraient leurs petits encor faibles et nus ?

Que tes divers ressorts ne me sont-ils connus,
O nature ! ô puissance éternelle, infinie,
De l'être et de la mort invincible génie !
Qu'avec plaisir mon luth proclamerait tes lois !
Mais je ne suis point né pour de si hauts emplois ;
Tu bornas mon essor ! admirateur paisible
D'un cercle de beautés à tous les yeux visible,
Je dois, sans te surprendre aucun de tes secrets,
Couler des jours sans gloire au milieu des forêts,
Cueillir au bord des eaux la fleur qui va renaître,
Et, poète des champs, les faire aimer peut-être ;
Ce destin n'est pas grand, mais il est assez doux ;
Il cachera ma vie aux regards des jaloux.

Eh bien ! champs fortunés, forêts, vallons, prairies,
Rouvrez-moi les détours de vos routes chéries !
La ville trop long-temps m'enferma dans ses murs.
Perdu trois mois entiers dans ses brouillards impurs,
J'échappe à ce séjour de boue et d'imposture :
Heureux de votre paix, retrouvant la nature,
Sur la mousse nouvelle et sur la fleur du thym

Je vais me pénétrer des parfums du matin;
Je vais, sur les rameaux de Vertumne et de Flore,
Epier quel bouton le premier doit éclore.

Un bien manque pourtant à ma félicité :
Dans les champs près de moi je voudrais ma Myrthé.
Oh! si je puis la voir! oh! si je puis l'entendre!...
L'écho de ces rochers en deviendra plus tendre;
Tout fleurira plus tôt dans mon riant séjour :
La femme que l'on aime embellit un beau jour.

Viens donc, femme adorable; ah! viens, fuis cette ville
Où, de fourbes trompés, rampe un monde servile;
Ce monde corrupteur n'est pas digne de toi.
Le Printemps et l'Amour te rappellent à moi.

Me trompé-je? Non, non : je vois Myrthé paraître;
Myrthé vient habiter mon asile champêtre.
Sans ornement, sans art, belle de ses appas,
Déjà dans nos vallons elle égare ses pas.
Cet air pur, qu'à longs traits près d'elle je respire,
Ce verger qui blanchit, ce zéphir qui soupire,
Ce limpide ruisseau, qui coule mollement,
Tout verse dans mon âme un doux ravissement.

Oh ! comme à mon bonheur ajoute l'espérance !
Mon œil ne voit plus rien avec indifférence.
Ces rosiers, ces jasmins, bientôt parés de fleurs,
Pour couronner Myrthé m'offriront leurs couleurs ;
C'est pour voiler nos feux des ombres du mystère
Que la feuille renaît au bosquet solitaire ;
Quand l'Eté dévorant nous dardera ses traits,
Myrthé dans ce ruisseau baignera ses attraits.
Délicieux espoir ! ô félicité pure !
C'est l'amour qui m'apprend à sentir la nature.

De quel nouveau plaisir mon cœur est enivré
Quand je vois un troupeau, dans la plaine égaré,
Bondir ; et, près de lui, les bergers, leurs compagnes,
Par groupes varier la scène des campagnes,
En réveiller l'écho muet depuis long-temps,
Et saluer en chœur le retour du Printemps !

Mais, dieux ! quel noir penser attriste mon ivresse !
Ces agneaux, sous mes yeux folâtrans d'allégresse,
Arrachés à leur mère, aux fleurs de ce coteau,
Iront dans les cités tomber sous le couteau.
Ils servent l'appareil d'un festin sanguinaire,
Où l'homme, s'arrogeant un droit imaginaire,

POEME.

Tyran des animaux, étale sans remords
Ses meurtres déguisés, et se nourrit de morts.

Arrête, homme vorace, arrête : ta furie,
Des tigres, des lions passe la barbarie.
Jamais ces animaux, dans le sang élevés,
Du lait de la brebis ne furent abreuvés ;
Ils ne furent jamais revêtus de sa laine.
Le bœuf pour les nourrir féconde-t-il la plaine ?

C'est pour toi que sans fiel, docile à l'aiguillon,
Il creuse sous le joug un pénible sillon ;
Sa constance aux travaux rend les guérets fertiles,
Et la mort est le prix de ses travaux utiles !
Et tu verses son sang ! et tu manges sa chair !
Tu t'es donc fait, ingrat, des entrailles de fer ?
Je méconnais en toi l'auguste créature,
Que d'un limon plus doux façonna la nature,
Qu'elle forma sensible à la voix des douleurs ;
A qui, seule, elle apprit à répandre des pleurs.
Tu dégrades ton nom ; et, cruel à toi-même,
Tu hâtes la lenteur de ton heure suprême.
Corrupteur de ton sang, le sang des animaux
Y dépose, y nourrit le germe de tes maux,

De la fièvre en ton sein fait bouillonner la flamme,
Et porte le délire au siège de ton âme.

Maudit soit le mortel, qui du fruit des buissons
Dédaigna le premier les natives moissons,
Et broya sous ses dents, par la rage égarées,
Les chairs de sa victime en festin préparées !
Hélas ! depuis ce jour l'homme s'est fait au sang ;
Le plus fort du plus faible a déchiré le flanc ;
La discorde a semé la haine, les alarmes,
Et la tendre pitié s'est endurcie aux larmes.

Ah ! s'il faut qu'aujourd'hui ne soient plus révérés
Du sage de Samos les principes sacrés ;
S'il faut de notre goût réveiller la paresse
Par des mets qu'assaisonne une fatale adresse,
Du moins, n'insultons pas aux brames innocens,
Qui, du bœuf, du taureau, maîtres reconnaissans,
Laissent, exempte enfin des soins du labourage,
Leur vieillesse expirer en un gras pâturage :
Doux repos, douce mort, qu'ils ont bien mérités.

Dans nos champs, en ce mois, voyez de tous côtés
Ces animaux, fumans de sueur, de poussière,

Ouvrir et renverser la glèbe nourricière ;
Cependant que leur guide, au chant vif et joyeux
De l'oiseau qui s'élève et retombe des cieux,
Sur le soc reluisant la main appesantie,
Presse de l'aiguillon leur marche ralentie.
Le prodigue semeur suit d'un pas mesuré ;
Il verse, et le blé noir, et le millet doré,
Et l'orge, ami d'un sol mêlé d'un peu d'arène :
La herse aux longues dents marche et ferme la scène.

Pour la neuvième fois le jour darde ses traits.
Déjà le laboureur retourne à ses guérets ;
Et la moisson naissante à ses yeux se déploie.
Alors entre l'espoir, et la crainte, et la joie,
Etendant vers le ciel ses vénérables mains,
Il invoque celui qui nourrit les humains.

« Grand Dieu ! les ouragans, et la grêle, et l'orage
« T'obéissent : dis-leur d'épargner mon ouvrage.
« Charge les doux zéphirs de la fécondité :
« Qu'ils unissent la pluie à la sérénité,
« Et que de ton soleil la flamme créatrice
« Change en épi cette herbe, et que l'épi mûrisse.
« Dieu juste ! j'ai peut-être un droit à tes bienfaits.

« Des rigueurs de l'hiver j'ai porté tout le faix ;
« Tu l'as vu : quand la glace attristait la nature,
« Sans feu, sans vêtemens, privé de nourriture,
« J'entendais près de moi, nus et mourans de faim,
« Ma femme et mes enfans me demander du pain.
« Hélas ! à mes enfans, à ma femme, à moi-même,
« Epargne désormais cette indigence extrême,
« Et n'abandonne plus aux autans déchaînés
« Et mes grains, et mes fruits par l'orage entraînés :
« Ils sont tout mon espoir ; qu'ils soient ma récompense. »

Il prie encor, il prie ; et, d'un nuage immense,
Son œil épouvanté voit les flancs épaissis
S'élargir, s'allonger sur les monts obscurcis,
Descendre en tourbillon dans la plaine, et s'étendre,
Et rouler : un bruit sourd au loin s'est fait entendre.

Le nuage en tonnant s'ouvre, et les étendards,
Et l'éclat des mousquets, hérissés de leurs dards,
Flottant comme la mer qui balance son onde,
Les chevaux hennissans, et le bronze qui gronde,
Les clairons, les tambours, les trompettes, les cors,
Tourmentant les échos d'homicides accords,
Tout annonce le dieu... le monstre de la guerre.

POEME.

Au fracas répété de son roulant tonnerre,
Les cheveux sur le front hérissés de terreur,
Pâle, et l'œil égaré, s'enfuit le laboureur :
Il s'enfuit en pleurant les trésors de la plaine.
Enfans, mères, vieillards éperdus, hors d'haleine,
Désertent leur cabane, et par mille chemins,
Se dérobent en foule aux soldats inhumains.

Du titre de valeur déguisant leur furie,
Et ravageant la terre au nom de la patrie,
Des assassins payés, dans le creux des sillons,
D'un champ dévastateur plantent les pavillons.
Bientôt de leurs drapeaux la campagne couverte
Se transforme en arène à l'homicide ouverte,
Où des hommes de fer, en bataille formés,
Se lancent des regards de carnage affamés.

Hommes nés pour les rois, instrumens de colère,
Hâtez-vous; par le sang gagnez votre salaire.

Du combat tout à coup le signal est donné :
Mille bouches de bronze à la fois ont tonné.
Tout s'ébranle · le plomb que le salpêtre embrase
Tombe en grêle de feu sur les rangs qu'il écrase ;

Et des troncs mutilés, et des membres épars.
Dans les champs de Cérès volent de toutes parts.

Déjà le feu se tait : le glaive lui succède.
Les deux partis rompus que la fureur possède,
L'un vers l'autre élancés, de plus près combattans,
Se croisent, et de meurtre à l'envi dégoûtans,
Aveuglés, effrénés, s'exterminent en foule ;
Le vaincu mord la poudre, et le vainqueur le foule.

De la gloire à l'instant le fantôme imposteur
Proclame les forfaits de ce jour destructeur,
Promet à des brigands un beau nom dans l'histoire,
Et, faisant le ciel même auteur de leur victoire,
Sur les corps entassés dont regorgent ces lieux,
Force leur bouche impie à rendre grâce aux dieux.

Taisez-vous, assassins : ces hymnes, ces cantiques,
Ces drapeaux appendus sous nos sacrés portiques,
Ces concours d'instrumens à vos fureurs si doux,
Au tribunal des dieux s'élèvent contre vous.

Oui ! contre vous, ô rois ! dont l'orgueil sanguinaire
Arma ces meurtriers d'un glaive mercenaire.

Répondez : quand ce peuple, et libre, et triomphant,
Avec cette candeur qui guide un faible enfant,
Déposa dans vos mains l'épée et la couronne ;
Quand il vous fit asseoir dans la gloire du trône,
Vous dit-il : « De mes biens, de mes jours à ton gré
« Use en maître absolu ; prends ce glaive sacré,
« Egorge-moi : je veux que mon sang t'appartienne ;
« Pour volonté, pour loi, je n'aurai que la tienne? »
Rois, soyez détrompés : le peuple est avant vous.
Si par nous vous régnez, régnez aussi pour nous.
Renfermez, étouffez les foudres de la guerre ;
Et, protecteurs d'un art bienfaiteur de la terre,
Imitez du Cathay les sages potentats :
Voici, voici les jours où leurs vastes états
Résonnent de leur nom béni dans les campagnes.

Quand l'aube, en blanchissant le faîte des montagnes,
Ramène le soleil vers le Bélier doré,
Précédé de sa cour, de ses fils entouré,
Sur un char triomphal le prince asiatique
Monte et s'avance en pompe armé d'un fer rustique.
C'est Triptolème assis dans le char de Cérès.
Le vallon, dont l'hiver a mûri les guérets,
Ouvre un théâtre auguste à la foule accourue,

Des citoyens voués aux soins de la charrue.
Eh ! quel si grand spectacle appelle leurs regards ?
Le triomphe annuel du plus noble des arts ;
Un prince laboureur qui, descendu du trône,
Doit devant la charrue abaisser la couronne
A ses yeux paternels, tant le fer nourricier
Est plus noble et plus saint que l'homicide acier !

Il descend de son char ; d'un pas grave il s'avance.
On se tait : au milieu de ce profond silence,
Seul, il parcourt le champ qu'il doit rendre fécond,
S'y prosterne, et neuf fois le touche de son front.

Un autel de verdure à ses côtés s'élève.
On le pare de fleurs, on y dépose un glaive.
Des mains d'un jeune prince un bûcher allumé
Exhale dans les airs un nuage embaumé.

Au bruit des chants joyeux, que la fière trompette
De ses éclats roulans accompagne et répète,
De jeunes laboureurs amènent en dansant
Au pied du roi-pontife un taureau mugissant ;
Des fleurs parent sa tête et pendent en guirlande.
Le prince au Dieu du ciel consacre cette offrande ;

Il prie : et le taureau, frappé d'un coup mortel,
Meugle, chancelle, et tombe aux marches de l'autel.

Tandis que du bûcher la flamme étincelante
Dévore en pétillant la victime sanglante,
Le maître de l'empire, armé d'un aiguillon,
Guide le soc poudreux, ouvre un premier sillon,
Et d'une main prodigue y dépose en semence
Ces grains dont le Cathay nourrit un peuple immense.
Jour rayonnant de gloire, où ce sage empereur,
Au rang de mandarin place le laboureur
Qui soumit une plaine inculte, et fit éclore
De nouvelles moissons sur un sol vierge encore !

Et des rois, pour enfler l'orgueil de leurs drapeaux,
Feront gémir les champs sous le faix des impôts !
Et leurs lois dévoûront aux fureurs de la guerre
Le paisible sujet qui féconde la terre !
O Dieu ! quand cessera l'injurieux oubli
Où le premier des arts languit enseveli ?
Ne verront-ils jamais, ces cruels politiques,
Que leur pouvoir n'est rien sans les travaux rustiques ;
Que Mars peut bien un temps prêter quelque splendeur,
Mais qu'un jour malheureux abat cette grandeur ;

Mais que Cérès est tout; mais qu'une paix profonde
Est la base solide où leur gloire se fonde!

Tu l'avais bien compris ce secret des Etats,
O toi, le plus aimé de tous les potentats;
Toi qui seras long-temps pleuré dans notre histoire,
Henri, lorsqu'à regret contemplant ta victoire,
Tu t'écriais : « Je veux aux enfans des hameaux
« De nos troubles civils faire oublier les maux;
« Je veux que leurs regards chérissent ma présence,
« Que ce bon peuple heureux chante ma bienfaisance,
« Et que de leur bonheur s'accroisse mon pouvoir. »

Tu le savais aussi, toi qui nous as fait voir
L'âme d'un citoyen au séjour des esclaves,
Turgot, sage Turgot! De cruelles entraves
Enchaînaient dans leur course et Bacchus et Cérès :
Quelle main osera les venger? tu parais;
Et soudain je les vois, pour enrichir ton prince,
Librement circuler de province en province :
Le commerce renait, prend un vol plus hardi,
Et les moissons du nord nourrissent le midi.

Ministre de qui Rome eût adoré l'image,

POEME.

Au nom du laboureur je viens te rendre hommage ;
Ton éloge, en ce jour, me doit être permis.
Quand la faveur des rois te faisait des amis
Je me suis tu : mon vers, suspect de flatterie,
Eût été vainement l'écho de la patrie ;
Mais lorsque tu n'as plus d'autre éclat que le tien,
Lorsque de ton pouvoir mon sort n'attend plus rien,
Je puis, libre de crainte ainsi que d'espérance,
Bénir mon bienfaiteur et l'ami de la France.

CHANT SECOND.

AVRIL.

Des cavernes du nord l'Hiver s'est échappé ;
Il revient, de frimats encor enveloppé,
A la faveur des nuits secouer la froidure,
Glacer la tendre Aurore, effrayer la verdure,
Et des tyrans de l'air, à grand bruit escorté,
Flétrir dans les jardins le Printemps attristé.

Imprudens arbrisseaux qui, trop pressés d'éclore,
Cachiez vos fruits naissans sous les habits de Flore,
Que vous êtes changés ! comme une seule nuit,
En vous décolorant, a brûlé votre fruit !
Plus lente à prodiguer sa première largesse,
La vigne auprès de vous montre plus de sagesse ;
Pour renaître elle attend qu'un fougueux ennemi
Laisse au trône des airs le Printemps affermi.

Cet hiver cependant, qui ramène la glace,
Cet aquilon jaloux du zéphir qu'il remplace,
Sont des frêles boutons les utiles vengeurs;
Ils apportent la mort aux insectes rongeurs,
Nés en foule aux rayons d'un soleil trop propice.
Le feuillage à ce peuple eût offert un hospice;
Et par eux dépouillé de son beau vêtement,
L'arbre au jour de sa force eût langui tristement.

Nouveau bienfait encor : ce souffle de Borée
Repousse les vapeurs que l'humide Nérée
En nuages épais déployait dans l'éther,
Et dont l'amas vers nous envoyé par l'auster,
D'une pluie, à longs flots sur nos bords déchaînée,
Eût peut-être englouti tout l'espoir de l'année.

Mais l'air moins rigoureux par degré se détend;
Le dieu du jour, armé d'un feu plus éclatant,
Triomphant de la nuit en resserre l'empire:
L'hiver fuit sans retour, et la terre respire.
Une seconde fois le Printemps lui sourit ;
Son amour la féconde : elle enfante et fleurit.
Je vois au front des bois la verdure renaître ;
L'ombre jeune commence à descendre du hêtre,

Et les pasteurs couchés sur de rians tapis
Réveillent par leurs chants les échos assoupis.

Vous, qui pour mieux jouir des charmes de l'étude
Avez de mon Tibur cherché la solitude,
Chantre du beau Pâris; et toi, jeune inspiré,
Du vénérable Homère interprète sacré,
Laissez quelques instans reposer votre lyre.
O mes amis! sortons; et qu'un nouveau délire,
Puisé sur la hauteur des rochers d'alentour,
A de plus grands travaux nous enflamme au retour.

Dieux! comme le Printemps repeuple ces vallées
De mugissans troupeaux, de légions ailées!
A leur tête paraît cet oiseau passager,
Qui, pour nous, des beaux jours est l'heureux messager.
Auprès de son amant éclôt la tourterelle;
Elle éclôt et pour vivre et pour mourir fidèle.
De canetons rameurs ces étangs sont couverts.
La compagne du coq, les yeux sans cesse ouverts,
De ses nombreux poussins marche et glousse entourée.
Déployant au soleil son aile diaprée,
La colombe renaît pour le char de Vénus.
Au souffle caressant des zéphyrs revenus,

L'Abeille, à qui son sexe a mérité le trône,
D'un nouveau peuple accroît l'honneur de sa couronne,
Et du sein des taillis les folâtres pinçons,
Répondant aux bouvreuils, cachés sous les buissons,
De chants harmonieux emplissent les campagnes,
Et renflamment l'amour dans leurs froides campagnes.

Il méritait donc bien, le deuxième des mois,
Que Vénus à son cours présidât autrefois,
Que sous des noms divers, le peuple issu d'Enée,
L'invoquant au réveil de la nouvelle année,
Pour elle éternisât le culte, les autels,
A sa gloire érigés par les premiers mortels !
Vénus représentait l'invincible puissance
Par qui dans l'univers tout reçoit la naissance.

Vénus pare les champs de grâce et de beauté ;
Vénus remplit les mers de sa fécondité ;
Elle est au haut des cieux l'immortelle Uranie,
Qui des astres errans entretient l'harmonie.
Les bois à son aspect verdissent leurs rameaux ;
Son souffle y reproduit mille essaims d'animaux :
Dans l'humide fraîcheur des gazons qu'elle foule,
Avec leurs doux parfums les fleurs croissent en foule ;

L'Océan lui sourit, et l'Olympe azuré
Verse en paix sur la terre un jour plus épuré.

Ah ! puisque ton pouvoir gouverne la nature,
Que l'homme, de tes mains, attend sa nourriture,
Bienfaisante Vénus ! épargne à nos guérets
La rouille si funeste aux présens de Cérès ;
Abreuve les plutôt de la douce rosée.
Que les sucs, les esprits de la sève épuisée
Dans ses canaux enflés coulent plus abondans ;
Qu'ils bravent du soleil les rayons trop ardens ;
Et que le jeune épi sur un tuyau plus ferme
S'élève et brise enfin le réseau qui l'enferme.

Nos vœux sont exaucés. Le sceptre de la nuit
A peine autour de nous a fait taire le bruit,
Une moite vapeur dans les airs répandue
S'abaisse, et sur les champs, comme un voile étendue,
Distille la fraîcheur dans leurs flancs altérés.
Cet humide tribut a rajeuni les prés,
Et le roi des sillons, qu'un verd plus frais colore,
L'épi germe, et s'élance impatient d'éclore.

Mais, hélas ! et les maux et les biens rassemblés

Naissent chez les humains l'un à l'autre mêlés.
La vapeur de la nuit, aux fromens si propice,
Féconde le chardon ; il croît sous leur auspice ;
L'avoine les domine, et l'ivraie à son tour
Les couvre de son ombre épandue à l'entour.

C'est à vous d'extirper ce fléau des campagnes,
Vous de l'agriculteur les actives compagnes ;
Rassemblez vos enfans ; et tous, le fer en main,
Prudemment dans les blés, vous ouvrant un chemin,
Allez porter la guerre à l'herbe usurpatrice :
Qu'un chariot l'emporte, et le bœuf s'en nourrisse.
L'insecte, qui nous file un riche vêtement,
Vous rappelle et demande un nouvel aliment.

De ce ver printanier la nombreuse famille,
Eclose après huit jours, et murmure et fourmille.
La feuille de Thisbé germe, s'ouvre, mûrit ;
Le ver croît avec elle : il croît, il s'en nourrit.

A ce ver cependant la moitié de la vie
Par un triste sommeil, comme à nous, est ravie.
De langueur accablé quatre fois il s'endort ;
Mais sorti qua're fois des ombres de la mort,

Il reparaît vêtu d'une robe nouvelle ;
Telle à chaque Printemps Myrthé renaît plus belle.

Las de ramper sans gloire, il gravit un roseau,
Où, déployant d'abord un informe réseau,
Bientôt de sa filière il tire, il développe
Un tissu qui, plus riche, en globe l'enveloppe
Sous des sables profonds, par lui-même entassés ;
Ainsi bornant le cours de ses flots dispersés,
Le Rhin cache au soleil son onde languissante.

L'insecte scelle enfin sa tombe jaunissante,
S'assoupit, et son corps, en nymphe transformé,
Sous un habit de deuil languit inanimé.
Mais, ô brillant prodige ! ô riante merveille !
Dans la nuit du tombeau par degrés il s'éveille ;
Changée en papillon la nymphe disparaît.
Déjà du globe d'or qu'il habite à regret,
Il frappe à coups pressés la jalouse clôture ;
Il la brise, il en sort. Docile à la nature,
Qui l'appelle à sa fin par l'attrait des désirs,
Il s'avance au trépas en cherchant les plaisirs ;
Il voit ; bientôt il joint son amante immobile,
L'échauffe en la frappant de son aile débile,

L'ombrage, la remplit de sa fécondité,
En flots d'amour s'épuise, et meurt de volupté.

L'amante, après deux jours, à périr condamnée,
Verse ses tendres œufs, l'espoir d'une autre année ;
OEufs où repose en germe un peuple industrieux,
Qui, fidèle héritier de l'art de ses aïeux,
Doit à sa race encor léguer son industrie,
Et, toujours reproduit, enrichir ma patrie.

Ma Patrie !.... A ce nom, si doux et si chéri,
Jusqu'au fond de mon cœur je me sens attendri.
Un penser douloureux, qui pourtant à des charmes,
Et me trouble et m'oppresse, et fait naître mes larmes.
O murs de Montpellier ! ô mon premier séjour !
Le mortel vertueux qui me donna le jour
Habite votre enceinte, et le sort m'en exile.
Quand pourrai-je rentrer dans ce modeste asile,
Où, sans cesse attentif à mes besoins nouveaux,
Il prodiguait pour moi le prix de ses travaux ;
Où, sa sévérité me cachant sa tendresse,
De ma raison trop lente il hâtait la paresse,
Me formoit aux vertus, et portoit dans mon cœur
La noble soif d'un nom des ténèbres vainqueur !

Dieux ! couronnez mes jours d'un destin plus prospère,
Et je vole à l'instant dans les bras de mon père ;
Je lui rendrai son fils si long-temps attendu,
Ce fils que pour la gloire il crut trop tôt perdu.
De mes faibles talens il recevra l'hommage ;
Il entendra ces vers pleins de sa douce image,
Et des larmes de joie échappant de ses yeux,
Peut-être en m'embrassant il bénira les cieux.

Et toi, cité fameuse, ô moderne Epidaure,
Conserve-moi long-temps ce père que j'adore !
Conserve son épouse, en qui, dès le berceau,
J'ai retrouvé le cœur de ma mère au tombeau ;
Veille sur tous les miens ; et ma reconnaissance
Publira qu'en ton sein j'ai reçu la naissance.
Je dirai qu'en tes murs règne un sexe enchanteur ;
Je peindrai son œil vif, son parler séducteur,
Son front où la gaîté s'allie à la noblesse,
Ses grâces, son esprit et sa svelte souplesse :
Né pour sentir l'amour et par l'amour formé,
Tendre et constant, il aime ainsi qu'il est aimé.

Dois-je de ton printemps vanter le long empire,
Ton sol toujours fécond, l'air pur qu'on y respire,

Le parfum de tes vins mûris dans le gravier,
Le front de tes côteaux qu'ombrage l'olivier,
Des plus riches moissons tes champs dépositaires,
Tes eaux, tes fruits, tes bains, tes plantes salutaires,
Ce célèbre conseil de mortels bienfaisans,
Instruits à prolonger la trame de nos ans ;
Tes savans, de qui l'œil, armé d'un regard ferme,
Surprend la vérité dans la nuit qui l'enferme ;
Tes comices enfin, où du peuple et des rois
La sage liberté pèse et fixe les droits ?

Je chanterai surtout ce grand, ce rare ouvrage
Qui de l'antique Rome eût lassé le courage ;
Ces trois ponts qui, de loin, vers tes murs dirigés,
Arrivent dans ton sein, l'un de l'autre chargés,
Et par mille canaux épanchent en fontaine
Le liquide tribut d'une source lointaine.

Mais dans ton souvenir, égarés trop long-temps,
Mes vers, ô ma patrie ! oubliaient le Printemps ;
Et cependant ce dieu, dans sa route première,
Ramène le Taureau couronné de lumière :
L'attèle au char du jour, et le voit, plus hardi,
A pas précipités s'enfuir vers le midi.

A son aspect les fleurs, ces astres de la terre,
Dans leur nouvel éclat repeuplent mon parterre.
Quel riche coloris ! quelle aimable fraîcheur !
Le narcisse, amoureux de sa douce blancheur,
La marie à l'azur du fidèle hyacinte.
Le cyclamen, sorti des forêts de Zacinthe,
A couronné son front à demi-languissant
D'un panache où reluit un rouge éblouissant.
J'avance, et j'aperçois près de la frétilaire
L'anémone à Vénus toujours sûre de plaire ;
Et l'élégante iris, qui retrace à mes yeux,
Dans sa variété, l'arc humide des cieux ;
Et l'humble marguerite à des lits de verdure
Prêtant le feu pourpré d'une riche bordure.

Me serai-je trompé? Non ; la jonquille encor
Offre à mon œil ravi la pâleur de son or.
Je te salue, ô fleur si chère à ma maîtresse !
Toi, qui remplis ses sens d'une amoureuse ivresse ;
Ah ! ne t'afflige point de tes faibles couleurs :
Le choix de ma Myrthé te fait reine des fleurs.
Pour couronner enfin les richesses qu'étale
Des jardins renaissans la pompe végétale,
La tulipe s'élève. Un port majestueux,

POEME.

Un éclat qui du jour reproduit tous les feux,
Dans les murs byzantins méritent qu'on l'adore,
Et lui font pardonner son calice inodore.

Je ne m'étonne point qu'à l'école des fleurs
La peinture ait appris le secret des couleurs.
Cet art, qui maintenant, sous sa touche savante,
Par des sucs nuancés rend la toile vivante,
N'eut d'abord, pour former quelques traits indécis,
Que la craie et les bois dans la flamme noircis.
L'amoureux Pauzias, rival de la nature,
Créa du coloris la magique imposture.

Un jour que de Glycère, accusant les mépris,
Il exhalait sa plainte au temple de Cypris,
On dit qu'à ses regards l'indulgente immortelle
Apparut, lui sourit : « Contemple, lui dit-elle,
« Autour de mon autel ce frais tissu de fleurs ;
« Que ta main sur la toile en fixe les couleurs ;
« Reviens m'en faire hommage : et le cœur de Glycère,
« De ton art agrandi, sera le doux salaire. »
Dans l'œil de Pauzias, la déesse à l'instant
Imprima du génie un rayon éclatant.
Plein d'un feu créateur, il sort, trace, colore

D'un rapide pinceau les dons rians de Flore,
Et les porte aux autels où Glycère à son tour
Doit offrir des bouquets à la mère d'Amour.

Glycère arrive, approche : ô surprise inouïe !
Elle voit près du lis la rose épanouïe.
« Eh ! quelle main, dit-elle, a d'un art délicat,
« En imitant ces fleurs, reproduit leur éclat ?
Le jeune artiste alors, brûlant d'espoir s'élance,
Tombe aux pieds de Glycère, et, rompant le silence :
« C'est moi, moi qui, jaloux d'obtenir un regard,
« Pour vous ai reculé les bornes de mon art.
« Vos bouquets des couleurs m'ont appris l'harmonie ;
« J'aimais : à mon amour je dois tout mon génie. »
Ces mots, qui de Glycère ont chatouillé l'orgueil,
Changent en doux regards la fierté de son œil ;
Un souris la trahit, et sa bouche elle-même
Presque sans son aveu prononce : Je vous aime.

Vous donc qui décorez ce théâtre inconstant,
Où l'homme ainsi que vous ne brille qu'un instant,
Belles fleurs, égayez nos fêtes bocagères.
Vous êtes l'ornement des modestes bergères.
Celle qui de l'hymen va prononcer les vœux,

D'une fleur veut au moins embellir ses cheveux.
La compagne des rois vous mêle à sa couronne.
Terpsychore, Comus de festons s'environne :
Et la religion, assise à ces autels,
D'où sa terrible voix tonne sur les mortels,
Au retour du Printemps, de guirlandes parée,
Adoucit de ses traits l'austérité sacrée.

D'où naissent cependant ces reflets variés,
Pour colorer ce globe, avec art mariés?
Ces teintes dans les fleurs dorment-elles cachées?
Faut-il que du soleil les flammes épanchées
Eveillent leur paresse, ou bien l'astre du jour
Les ferait-il pleuvoir de son brillant séjour?

La nature long-temps, sans voix et sans oracle,
Dans une nuit profonde enferma ce miracle :
Mais sitôt que Newton, cet aigle audacieux,
En face eut regardé le roi brûlant des cieux,
L'homme brisa les fers de l'ignorance antique;
L'homme fut possesseur des secrets de l'optique.
Dans les angles d'un verre, en prisme façonné,
Il vit que du soleil un rayon émané
Déployait sept couleurs de nature première :

Il reconnut enfin que ces traits de lumière,
Ou seuls, ou combinés en différens accords,
D'une teinte céleste empreignaient tous les corps.

Combien de tant d'éclat la vue est enchantée !
Je vois l'aube étaler son écharpe argentée,
Et l'aurore sa sœur, qui d'un pourpre riant
Entremêle l'or pur dont se peint l'Orient ;
Et le fleuve en son lit paisiblement s'étendre
Sous des rets transparens, colorés d'un vert tendre.

Là, des profondes mers l'habitant écaillé
Lève un dos épineux richement émaillé.
Dispersé sur la rive, ici le coquillage
Des plus belles couleurs réfléchit l'assemblage.
Le corail dont Thétis a bordé ses déserts,
L'hôte rampant des bois, l'enfant ailé des airs.
L'inconstant papillon, la bourdonnante abeille,
La bergère, et les fleurs qui parent sa corbeille,
Tout forme autour de nous un cercle radieux,
Un dédale magique où s'égarent nos yeux.

Mais c'est Iris surtout, glorieuse courrière,
Qui des feux les plus vifs a semé sa carrière :

POEME.

C'est aujourd'hui qu'aux champs, par la pluie humectés,
Je vais revoir son front resplendir de clartés.

Un nuage, chargé de cette eau salutaire
Que le Taureau prodigue à la soif de la terre,
S'élève, s'épaissit ; et, du soleil naissant,
Tandis qu'il fait pâlir le disque éblouissant,
Le zéphir, qui des bois agitait la ramure,
Tout à coup de son vol assoupit le murmure ;
Il se tait : avec lui les airs semblent dormir;
Le feuillage du tremble a cessé de frémir ;
Les flots sont déridés. D'un meuglement sauvage
Le bœuf n'attriste point les échos du rivage,
Et l'arbre n'entend plus de sons mélodieux.
L'homme au milieu des champs lève un front radieux :
L'âme ouverte à l'espoir, il jouit en idée
Des plaisirs et des biens que versera l'ondée.
Elle a percé la nue ; elle coule : un doux bruit
A peine dans les bois de sa chute m'instruit ;
A peine goutte à goutte, humectant le feuillage,
Laisse-t-elle a mes yeux soupçonner son passage.

L'urne des airs s'épuise ; un frais délicieux
Ranime la verdure ; et cependant aux cieux

Le soleil, que voilait la vapeur printanière,
Commence à dégager sa flamme prisonnière :
Elle brille. Le Dieu transforme en vagues d'or
Les nuages flottans dans l'air humide encor,
Jette un réseau de pourpre au sommet des montagnes,
Enflamme les forêts, les fleuves, les campagnes,
Et sur l'émail des prés étincelle en rubis.
Jusqu'au règne du soir, les tranquilles brebis
De leurs doux bêlemens remplissent la colline ;
L'ormeau plus amoureux vers le tilleul s'incline ;
Zéphyre se réveille, et le chant des oiseaux
Se marie en concert au murmure des eaux.
Enfin dans un nuage, où l'œil du jour se plonge,
La ceinture d'Iris se voûte en arc, s'allonge,
Et du flambeau du ciel décomposant les feux,
Du pourpre au double jaune, et du vert aux deux bleus,
Jusques au violet, qui par degrés s'efface,
Promène nos regards dans les airs qu'elle embrasse.

Salut gage riant de la sérénité !
Les sources d'où jaillit l'éclat de ta beauté,
Pour nos grossiers aïeux ne furent point ouvertes.
Tel est l'arrêt du sort. Les nobles découvertes
Chez les faibles humains n'arrivent qu'à pas lents.

Le temps seul peut prêter des ailes aux talens ;
Ce Dieu, qui détruit tout, donne à tout l'existence.
Ses mains, en nous armant d'audace et de constance,
Ses mains ont façonné le verre scrutateur,
Qui du ciel sous nos yeux abaisse la hauteur.
C'est lui qui de l'aimant a trahi le mystère :
Soudain l'homme a couvert l'Océan solitaire ;
Et, bravant les rochers, les trombes, les typhons,
Tranquille, il s'est assis sur des gouffres sans fonds.

Voyez-vous, aujourd'hui que les vents plus propices
De la mort sous ses pas ferment les précipices,
Comme il ose, ombragé d'une forêt de mâts,
Chercher, nouveau Jason, de plus riches climats ?
Il part..... Ah ! s'il est vrai que le sceau du génie
Atteste sa grandeur, c'est depuis qu'Uranie
Le guide sur les flots où règnent ses projets ;
C'est depuis que les vents, devenus ses sujets,
Dans les replis enflés du lin qui les embrasse,
Suivent en dépit d'eux la route qu'il leur trace.
Oui, modernes Typhis ; oui, c'est par vos travaux
Que peut-être les dieux ont trouvé des rivaux.

Enfanté loin des mers et n'aguère sauvage,

L'homme encor n'avait point approché leur rivage :
Il errait sur les monts. Tout à coup à ses yeux
L'Océan déploya jusqu'aux bornes des cieux
Sa surface mobile, immense, solitaire.
Saisi d'étonnement, l'homme y cherche la terre :
La terre a disparu ; monotone désert,
L'empire seul des eaux brille à l'œil qui s'y perd.
Long-temps il contempla, dans un profond silence,
Cette plaine d'azur qu'un vent léger balance,
Et qui dans tous ses flots, mollement onduleux,
Répète le soleil, et s'argente à ses feux.

Tandis qu'il promenait au loin ses yeux timides,
Un géant, du milieu de ces plaines humides,
S'élève sur le dos d'un tourbillon grondant :
Sa formidable main porte un large trident ;
Et, malgré la vieillesse en tous ses traits sensible,
Son corps nerveux décèle une force invincible.
Tout pâle, à cet aspect, l'homme frémit d'effroi ;
Il fuit. Le dieu lui crie : « Arrête ; écoute-moi.
« Par delà cet espace où s'étend mon empire,
« Sous ce même soleil plus d'un peuple respire.
« Il y vit étranger à tes arts, à tes biens,
« Comme toi-même ici tu l'es encor aux siens.

« Descends de tes rochers ; viens, franchis la barrière
« Qui de ces bords lointains te ferme la carrière.
« Unis, il en est temps, par des liens sacrés,
« Ces peuples que les dieux ont en vain séparés ;
« Echange les trésors, fruits de ton industrie,
« Et fais du monde entier une seule patrie.
« Les plus affreux périls vont assaillir tes jours ;
« Je ne te cèle pas qu'ils renaîtront toujours.
« Veux-tu que devant toi je les appelle ensemble?
« Regarde : sous tes yeux mon pouvoir les rassemble. »

Il dit. Soudain les flots, de son trident frappés,
Par les vents orageux roulent enveloppés,
Se heurtent à grand bruit, retombent, se soulèvent,
Se creusent en abîme, en montagne s'élèvent.
La face du soleil pâlit ; et les éclairs
En longs serpens de feu se croisant dans les airs,
Redoublent en fuyant ces ténèbres profondes,
Restes du vieux chaos ramené sur les ondes.

Le calme reparaît ; mais ce calme est trompeur.
Des flots qu'il a pompés en subtile vapeur,
Le soleil de retour charge un nuage humide,
Tournoyante colonne, immense pyramide,

Qui va cacher sa base au séjour lumineux,
Et, pesant sur les flots, monte et baisse avec eux;
Enfin, cédant au poids des eaux qu'elle ramasse,
La trombe, comme un roc, épouvantable masse,
Tombe, ébranlant la mer jusqu'en sa profondeur.

Là, contre des écueils d'une énorme grandeur,
La vague en bondissant heurte, et, brisant ses lames,
Du fluide électrique en fait jaillir les flammes;
Ici le flot coupé de rapides courans
Tourbillonne et s'entr'ouvre en gouffres dévorans.
D'un effroyable amas de rocs, de monts de glace,
Plus loin la vaste mer hérisse sa surface.
Ces rochers voyageurs, jusqu'au ciel entassés,
Et par les vents fougueux en tumulte poussés,
Se croisent, et, rompus de leurs pieds à leurs cimes,
De leurs chocs ruineux font retentir l'abîme.

A leur bruit, à l'aspect de ces flots menaçans,
L'homme, par la terreur lié dans tous les sens,
Et trop peu fait encore à dompter la faiblesse,
L'homme allait refuser sa future noblesse,
Quand le Dieu bienfaisant, qui lisait dans son cœur:
« Espère la victoire, et tu seras vainqueur,

« Dit-il ; si tu reçus le génie en partage,
« Par de hardis travaux accrois cet héritage.
« Ne sais-tu point que l'homme est né pour tout oser ?
« La mer a des périls, ose les mépriser ;
« Viens, sur un frêle bois, leur disputer ta vie ;
« Viens ; d'immortels succès ton audace est suivie.
« J'aime à te les prédire ; oui, je vois tes enfans
« Dans mes vastes déserts s'avancer triomphant.
« Aux climats qu'elle habite, ils ont surpris l'aurore ;
« L'Occident les appelle, ils y volent encore ;
« L'Occident du midi reconnaît leur pouvoir,
« Et le pôle glacé s'accoutume à les voir. »

Il dit et disparaît. Une flamme rapide
S'allume au cœur de l'homme ; et d'un œil intrépide
Mesurant ce théâtre, où la gloire l'attend :
« J'y régnerai, dit-il. » Il le jure. A l'instant
Les sapins abattus se creusent en nacelles ;
La rame les emporte, et leur prête des ailes :
Bientôt la voile ajoute à ces premiers essais ;
Et, courant chaque jour de succès en succès,
Les navires, guidés par l'aiguille polaire,
Cherchent enfin des bords qu'un autre ciel éclaire :
L'univers étonné s'est agrandi par eux.

Mais que nous abusons des biens les plus heureux!
La voix de l'intérêt nous façonnant au crime,
Nous irons marchander l'homme faible, qu'opprime
La verge d'un tyran corrompu par notre or;
Et nous l'achèterons, pour le revendre encor.
Ah! pourquoi fallait-il qu'affamés de fortune,
Nous fissions abhorrer l'art qui soumet Neptune;
Cet art qui, rapprochant tous les peuples entre eux,
Devrait n'en faire, hélas! qu'un seul peuple d'heureux.

Mais parlez : de quel droit plonger dans l'esclavage
L'homme innocent et doux que vous nommez sauvage?
Jamais dans vos foyers, barbare conquérant,
A-t-il porté le glaive et le feu dévorant;
Et, repassant des flots sur des nefs fugitives,
A-t-il jamais traîné vos épouses captives?
Content des simples fruits que la palme enfantait,
Au fond de ses déserts, paisible, il habitait :
Il y serait encor sans vous, sans la furie
Qui tourmente ses jours, l'arrache à sa patrie,
Et l'emporte, à travers l'Océan écumeux,
Vers des bords que le crime a rendus trop fameux.

Eh bien! qu'un Dieu vengeur des enfans de l'Afrique

Et du sang dont le glaive inonda l'Amérique;
Qu'un Dieu dans ces climats vous poursuive, et sur vous
Des vents, des feux, des eaux déchaîne le courroux;
Que sous vos pas la terre ébranlée, entr'ouverte,
S'abîme dans la mer de vos débris couverte;
Et que votre supplice épouvante à jamais
L'avare imitateur de vos lâches forfaits!

Un Dieu m'entend. Je vois, sous le brûlant Tropique,
L'ouragan menacer le Pérou, le Mexique;
La mer s'agite, gronde, et ses flots épaissis,
L'air de soufre infecté, les astres obscurcis,
Le flambeau de l'éclair et la voix du tonnerre,
Aux tyrans du Potose ont déclaré la guerre.
Tous les vents à la fois, déchaînés et sifflans,
Luttent contre la terre et déchirent ses flancs.
Des nouvelles cités les fondemens s'écroulent;
Les fleuves dans leur lit en écumant se roulent,
Et, surmontant ses bords de roches hérissés,
La mer couvre les toits de ses flots élancés.
Aux lieux où s'étendait une riche campagne,
Nouvel Etna s'élève une ardente montagne.
De ce gouffre brûlant s'élancent confondus
Et des globes de flamme, et des rochers fendus.

La flotte, loin du port, par les vents dispersée,
Périt en tournoyant sous l'abîme enfoncée.

L'homme en vain fuit la mort, la mort vole et l'atteint ;
L'un pâle, échevelé, demi-nu, l'œil éteint,
Sur les corps foudroyés d'un fils et d'une mère,
Charge son dos tremblant de son malheureux père ;
La terre sous ses pas s'ouvre et l'ensevelit.
Eveillé par les feux qui dévorent son lit,
L'autre, près de sa femme à demi-consumée,
Expire dans les flots d'une épaisse fumée.

Sous les lois de l'hymen l'avare Sélimour
A la riche Mirinde engageait son amour.
La lampe d'or brûlait dans la demeure sainte,
Et l'encens le plus doux en parfumait l'enceinte
On voyait dans les mains du ministre sacré,
Pour les jeunes époux, le voile préparé :
Le silence régnait. Dans les flancs de la terre,
Par trois fois roule et gronde un sourd et long tonnerre.
Tous les fronts ont pâli. Le pontife tremblant
Embrasse en vain l'autel sous ses pieds chancelant.
L'orage enfin éclate, et la voûte écroulée
Ensevelit l'autel, le prêtre et l'assemblée.

Ah! fuyons, renonçons à l'or de ces climats.
En vain cet or perfide y germe sous nos pas;
Vainement il jaillit des veines des montagnes,
Se mêle aux eaux du fleuve, et parcourt les campagnes:
Vous fait-il oublier, barbares habitans,
Ce courroux annuel, ce combat des autans,
Par qui furent cent fois les plaines ébranlées,
Et du vieux Océan les bornes reculées?

CHANT TROISIÈME.

MAI.

Du mois cher à Vénus la course est terminée.
Son frère, nouveau roi des beaux jours de l'année,
Descendu de l'Ether sur un nuage d'or,
Aux grâces du Printemps vient ajouter encor.
Propice aux doctes Sœurs, il attend leur hommage;
Il vient le réclamer. Ah! puisse son image
Respirer aussi fraîche, aussi belle en mes vers,
Que les fleurs dont lui-même embellit l'univers!
Mais l'art a-t-il jamais égalé la nature?
Du plus savant pinceau la magique imposture
Peut-elle, en déployant le charme des couleurs,
Saisir dans tous ses traits la plus humble des fleurs?
Non, non: tous nos tableaux sont bien loin du modèle,
Et nous n'offrons jamais qu'une esquisse infidèle.
Eh bien! dussé-je voir mes informes essais
Avorter en naissant et languir sans succès,

POEME.

J'aurai goûté du moins cette ivresse touchante
Que donne la nature au mortel qui la chante;
Ses jours coulent en paix sous un heureux destin.

Qu'il est doux en effet, au retour du matin,
Qu'il est doux d'égarer sa vue et sa pensée
Sur cette plaine, au loin, d'un beau vert tapissée!
Que j'aime à contempler ces vallons enrichis
De superbes moissons et de pommiers blanchis!
Ces limpides étangs, la paix de leur rivage;
Ces jardins, ces forêts, cette chaîne sauvage
De rocs qui, l'un sur l'autre au hasard suspendus,
Couronnent vingt hameaux à leurs pieds étendus!
Ici, dans sa beauté, le Printemps se déploie;
Ici, sur le gazon, je renais à la joie;
Je suis heureux : un calme aussi pur que les cieux
M'enlève dans l'extase et m'approche des dieux.

A moi-même rendu, je vais jouir encore
Le long de ce ruisseau que l'églantier décore,
Je promène mes pas de détour en détour;
Je le vois se cacher, se montrer tour à tour :
Je descends avec lui dans la vallée ombreuse,
Agreste labyrinthe, où ma voix amoureuse

A soupiré jadis mes plaisirs, mes tourmens :
Ce lieu réveille en moi de trop chers sentimens.
Et par degrés, au sein de la mélancolie,
Mon âme doucement tombe, rêve et s'oublie.

Quand, frappé tout à coup d'une éclatante voix,
J'écoute, et reconnais l'Orphée, ami des bois.
Le tendre oiseau, caché sous un taillis sauvage,
De ses tons variés animant le rivage,
Traîne tantôt sa voix en soupirs languissans,
Tantôt la précipite en rapides accens,
La coupe quelquefois d'un gracieux silence,
Et, plus brillante encor, la roule et la balance.
Vingt fois renaît le jour dans l'Orient vermeil,
Tandis que cet oiseau, refusant le sommeil,
S'obstine à célébrer son amoureuse histoire :
Hélas ! il ne sait pas que ses chants de victoire
Avancent à la fois et présagent sa mort.

Mais tout un peuple ailé me sourit sur ce bord.
Peuple artisan du miel, tes jeunes colonies
Que la nécessité de la ruche a bannies,
Murmurent, et sans ordre, en groupes éplorés,
S'attroupant à l'entour de ses murs trop serrés,

Semblent se demander quelle injuste puissance
Ose ainsi les bannir du lieu de leur naissance :
Et, comme parmi nous, quand la sédition
Cherche à briser le frein de la soumission,
On voit languir les bras dont l'active industrie
A l'ombre de la paix nourrissait la Patrie.
Ainsi le peuple abeille interrompt ses travaux :
Le miel ne coule plus en des rayons nouveaux ;
L'aurore brille en vain. La rose ranimée
Pour lui ne rouvre point sa feuille parfumée.

Enfin la jeune reine à son peuple attristé
Fait ouïr du départ le signal redouté :
Au faîte de la ruche elle agite ses ailes.
On l'entoure, on la suit ; et, désormais fidèles,
Ses sujets bourdonnans respecteront ses lois.

Des bords du Ximois, tel Francus autrefois,
Conducteur adoré d'une flotte troyenne,
Le premier aborda les rives de la Seine,
Et, bravant les Gaulois jaloux de ses succès,
Jeta les fondemens de l'empire français.
L'essaim, tremblant au bruit dont le tambour le frappe,
Sur un rameau voisin fond et retombe en grappe.

Hâtez-vous, accourez vers ces enfans du ciel,
O vous, qui prétendez au trésor de leur miel,
Galathée, Amarille, Erixane, Iphilisse !
Dans les flancs d'un panier parfumé de mélisse,
Agitez le rameau qu'ils tiennent embrassé ;
Que cet essaim conquis, au bord des eaux placé,
De nouveaux citoyens peuple votre héritage.
Déjà la colonie au dehors se partage ;
Sans cesse elle voltige, ardente à dépouiller
Les lieux qu'Opis et Flore ont pris soin d'émailler.

Mais que fais-je, imprudent ? Moi chanter les merveilles
D'un peuple à qui Virgile a consacré ses veilles !
Mânes de ce grand homme, instruit par les neuf Sœurs
A célébrer des champs les utiles douceurs,
Pardonnez à l'essor qu'a tenté ma faiblesse,
Ou plutôt donnez-moi la grâce et la mollesse
Qui prêtent à ces vers je ne sais quel attrait
Où le cœur le plus froid puise un tendre intérêt.
Eh ! qui sait mieux que lui faire aimer ce qu'il chante ?
Qu'ils sont vrais ses tableaux ! que sa voix est touchante !
Soit qu'il dise l'amour, les combats des bergers,
Et les soins des guérets, des troupeaux, des vergers ;
Soit que de son bonheur, faisant sa seule étude,

Il cherche des forêts l'obscure solitude,
Ou que sur le Taigète, égarée en désirs,
Sa muse s'abandonne à d'innocens loisirs !
Est-il un seul mortel dont l'âme ne se plaise
A suivre le vieillard des rives du Galèse ?
Comme alors chaque vers, par un charme vainqueur,
Pénètre doucement jusques au fond du cœur !
Que d'un simple jardin la riante culture
Dit bien que le bonheur est près de la nature !

Sois mon guide, ô Virgile ! et si je puis jamais,
Poète voyageur, franchir ces hauts sommets,
Ces Alpes, vieux remparts de la belle Ausonie ;
Si je puis voir les champs qu'illustra ton génie,
J'irai, j'en fais le vœu, j'irai vers ce tombeau,
Où sa muse, en pleurant, éteignit son flambeau.
Dans ce temple sacré tu me verras descendre :
En redisant tes vers, je baiserai ta cendre,
Et ton ombre peut-être, offerte à mon regard,
Instruira ma jeunesse aux secrets de ton art.

Plein de ce doux espoir, qui soutient mon courage,
Loin de toi cependant je poursuis mon ouvrage.
J'entends de nos bergers le cri tumultueux :

Il m'appelle au détour d'un sentier tortueux,
Qui de saules couvert, et tapissé de mousse,
Descend dans un bassin par une pente douce.

Là, pressés par les chiens, les troupeaux fugitifs
Se plongent en poussant des bêlemens plaintifs :
Ils nagent en tumulte, et le cristal humide
Epure les habits de la race timide ;
Elle attend pour sortir le signal du pasteur.
La trompe sonne. Alors, traînant avec lenteur
Le fardeau plus pesant de sa laine imbibée,
Elle gagne le bord, haletante, courbée,
Se dresse, et, secouant les flots de sa toison,
D'une onde jaillissante arrose le gazon.

Elle s'avance enfin vers le lieu de la plaine
Où l'acier rigoureux doit lui ravir sa laine ;
Ici, Dolon poursuit le robuste bélier,
Et Lycas de vingt nœuds s'apprête à le lier ;
Là, de bruyans ciseaux Nice et Phylis armées
Pressent de leurs genoux les brebis allarmées.
Votre frayeur est vaine, innocens animaux ;
Rassurez-vous : cédez aux enfans des hameaux
Cette toison, pour vous incommode parure ;

Et vous irez encore, errans sur la verdure,
Faire entendre aux vallons votre bêlante voix.

Jaloux de présider au plus riant des mois,
Les Gémeaux dans les airs ont déjà pris leur route.
Ils poursuivent la nuit sous la céleste voûte,
Et, portés sur deux chars de lumière éclatans,
De l'empire du jour prolongent les instans.

Mais la terre en reçoit un don plus cher encore.
Quand de leurs feux amis l'Olympe se décore,
L'homme, que la douleur traînait vers le tombeau,
Voit de ses jours mourans ranimer le flambeau :
Son sang se renouvelle, et son âme ravie
Bénit le mois des fleurs, qui le rend à la vie.

Je l'ai goûté jadis le bonheur d'échapper
Aux horreurs de la mort ; sa faux m'allait frapper.
C'était, il m'en souvient, aux jours de mon bel âge.
Impatient de voir renaître le feuillage,
Et six mois à regret d'Aiguevive exilé,
J'y volais, par l'Amour et Zéphyr rappelé.
La fièvre tout à coup dans mes veines s'allume ;
De ses feux inégaux la fièvre me consume.

Aux enfans de Chiron mes larmes ont recours ;
Ils ne m'offraient, hélas! qu'un stérile secours.
Je vis la tombe ouverte, et d'horreur l'âme atteinte
Je m'écriai, poussant une voix presque éteinte :
« O mort, suspends tes coups! ô mort, éloigne-toi!
« Je suis encor si jeune ; en est-ce fait de moi?
« Ne reverrai-je plus mon père, mon amante!
« Si tu fermais du moins ma paupière mourante,
« O toi, jeune beauté! pour qui j'aimai le jour!...
« Ah! mon dernier soupir est un soupir d'amour. »
A ces mots, détournant mes yeux de la lumière,
Je sens un lourd sommeil tomber sur ma paupière ;
Je m'endors ; et mes sœurs et mon père éperdus
Se disaient : il s'endort pour ne s'éveiller plus.

Ce même jour pourtant adoucit leurs alarmes.
Le mal, loin de mon lit, qu'avaient trempé leurs larmes,
Fuit avec le sommeil ; dans mon corps épuisé,
Mon sang plus calme enfin coule moins embrasé;
Et la troisième nuit, d'un doux repos suivie,
Des portes du tombeau je remonte à la vie.

Combien je fus heureux! ciel! avec quel transport
Du naufrage échappé je rentrai dans le port!

Quel charme de sentir ranimer tout son être !
Je crus qu'avec mes sens mon cœur venait de naître.
Tout me parut nouveau ; le soleil à mes yeux
N'avait jamais brillé si pur, si radieux.
Mon père, il me semblait plus sensible et plus tendre.
Mon ami, j'aimais plus à le voir, à l'entendre;
Et l'asile champêtre où m'accueillit l'amour,
Pour moi d'un long Printemps ne fit qu'un heureux jour.

C'est alors que j'appris à mieux voir la campagne;
C'est alors, qu'appuyé sur ma belle compagne,
Je connus, je goûtai tout ce que les oiseaux,
Les bois touffus, coupés par de limpides eaux,
Les grottes, les gazons, le parfum des prairies
Inspirent aux amans de douces rêveries.
Je dois à ces plaisirs, si purs et si touchans,
Mon génie amoureux du théâtre des champs;
La sensibilité, que nourrit la retraite :
En me faisant plus tendre, ils m'ont créé poète.

Goûts chers à ma jeunesse, ah ! renaissez en moi,
Renaissez ; je me livre à votre douce loi.
Présidez à mes vers, que la grâce y respire.
Flore m'appelle encor dans son riant empire.

J'y rentre ; et ce bosquet, à mon œil enchanté,
Sourit dans tout l'éclat de sa jeune beauté ;
Il n'étale à mes yeux ni marbre, ni dorure ;
La seule négligence ajoute à sa parure.

Sous les murs d'un palais, sans doute j'aime à voir
Un faste qui des rois atteste le pouvoir ;
Des héros figurés, des pompeuses arcades,
Des tritons, dont la bouche enfante des cascades ;
Neptune aux aquilons parlant en souverain,
Et menaçant les flots de son trident d'airain ;
Des rivages du Nil le cheval amphibie ;
Les monstres rugissans de Barca, de Nubie,
L'un sur l'autre acharnés : près d'eux, Psyché, Vénus,
Déployant au soleil leurs attraits demi-nus ;
Enfin ce long amas, cette foule immortelle
De chefs-d'œuvres éclos de l'art de Praxitèle.
Digne ornement du trône, ils peuvent décorer
Ce Versaille où mon œil ne veut rien qu'admirer.
Mais ici, dans ce temple ouvert à la nature,
Frais Dédale, où mes yeux doivent à l'aventure
Errer pour mieux jouir, où la simplicité
Me doit faire oublier l'orgueil de la cité,
Verrai-je sans ennui la froide symétrie

Prolonger une route où rien ne se varie ;
Borner le libre essor de ces jeunes ormeaux,
Qui cherchent à s'épandre en immenses rameaux ;
L'if épaissir en mur sa funèbre verdure,
Le buis parmi les fleurs serpenter en bordure ;
Le verre sur leur tige en prison s'arrondir,
Et le sable au gazon défendre de verdir ?

Non, non ; de ce jardin, sévèrement bannie,
La régularité n'en fait point l'harmonie.
Tout naît comme au hasard en ce fertile enclos ;
Une source en fuyant l'abreuve de ses flots,
Creuse un riant vivier, s'échappe, et, plus rapide,
Embrasse un tertre vert de sa zone limpide.

Du milieu de cette île un berceau toujours frais
Monte, se courbe en voûte, et s'embellit sans frais
De touffes d'aubépine et de lilas sauvage,
Qui, courant en festons, pendent sur le rivage.
Plus loin, ce même enclos se transforme en verger,
Où l'art négligemment a pris soin de ranger
Les arbustes nombreux que Pomone rassemble ;
Autour d'eux, je vois naître et s'élever ensemble
Et des plantes sans gloire et de brillantes fleurs.

Un amoureux zéphyr en nourrit les couleurs.
L'iris de la Tamise échappe au sein de l'herbe,
Et brille sans orgueil au pied du lis superbe ;
Mais, par l'impérial à son tour dominé,
Devant elle, en sujet, le lis tremble incliné.
L'œillet au large front, la pleine renoncule,
Le bleuet, qui, bravant l'ardente canicule,
Emaillera les champs de la blonde Cérès ;
Le chèvre-feuille, ami de l'ombre des forêts,
Le sureau, le lilas, l'épaisse giroflée,
L'églantier orgueilleux de sa fleur étoilée,
De ce beau labyrinthe émaillent les détours ;
Ici, le frais muguet se marie aux pastours ;
Là, du jasmin doré la précoce famille
Brille avec le rosier à travers la charmille.

Plus loin, quel autre fleur ai-je vu s'embellir ?
Sa modeste beauté m'invite à la cueillir :
J'approche ; elle me fuit. Dieux ! quel est ce prestige ?
Je cherchais une fleur, je ne vois qu'une tige.
Interdit et confus, je m'éloigne à regret ;
Et la fleur rassurée à l'instant reparaît.
Ah ! je te reconnais, ô tendre sensitive !
Seule, parmi les fleurs, devant l'homme craintive,

Sans doute il te souvient que, mortelle autrefois,
De ta jeune pudeur on méconnut la voix.

Elle adorait Iphis; Iphis brûlait pour elle.
Cependant, vertueuse autant qu'elle était belle,
La nymphe demandait que l'hyménée un jour
Aux pieds de son autel consacrât leur amour.
Quatre soleils encor, ce jour allait paraître.

L'innocente beauté, dans un réduit champêtre,
Soupirait, solitaire, à l'heure où le jour fuit;
L'impatient Iphis l'aperçoit et la suit;
Il approche avec crainte; et, versant quelques larmes,
Il veut hâter l'instant où, maître de ses charmes,
L'hymen doit la porter dans les bras d'un époux.
Elle résiste; Iphis embrasse ses genoux,
Et, bientôt du respect passant jusqu'à l'audace,
Insulte à la pudeur qui lui demande grâce;
Il oppose la force aux refus redoublés.
La nymphe vers le ciel levant ses yeux troublés :
« Dieux d'hymen et d'amour, prenez soin de ma gloire;
« A mon perfide amant arrachez la victoire;
« Hâtez-vous, détruisez mes funestes appas,
« Dieux vengeurs! contre lui j'invoque le trépas. »

Elle dit ; et soudain ses appas se flétrissent ;
Et son front et ses doigts de feuilles se hérissent.
Au lieu des vêtemens, dont son corps est couvert,
Sur son sein, qui décroît, s'étend un réseau vert,
Et ses pieds, du zéphyr quinze ans rivaux agiles,
En racine allongés, demeurent immobiles.
Enfin, c'est une fleur ; mais, conservant toujours
Le profond souvenir de ses tristes amours,
Elle craint d'éprouver une insulte nouvelle,
Et de tout homme encor fuit la main criminelle.

Ne dois-je toutefois célébrer que l'essaim
Des fleurs dont cet enclos a diapré son sein ?
Prés, bocages, forêts, vallons, roches sauvages,
Fontaines et ruisseaux sur leurs moites rivages,
Tous les lieux visités des zéphyrs inconstans
Nourrissent aujourd'hui les filles du Printemps.
Ce dieu n'a plus enfin de beautés à répandre ;
Tout brille : oui, c'en est fait, Amour ! tu peux descendre.

C'est pour te recevoir que la terre a repris
Sa robe verdoyante et ses atours fleuris ;
Que sans vagues, sans bruit, la mer dort aplanie ;
Que le chantre des airs redouble d'harmonie ;

Que l'homme est plus agile, et qu'un frais incarnat
Du teint de chaque belle a ranimé l'éclat.

L'amour vole ; il a pris son essor vers la terre.
Depuis l'oiseau qui plane au foyer du tonnerre
Jusqu'aux monstres errans sous les flots orageux,
Tout reconnaît l'Amour, tout brûle de ses feux.

Dans un gras pâturage, il dessèche, il consume
Le coursier inondé d'une bouillante écume,
Le livre tout entier aux fureurs des désirs.
De ses larges nazeaux, qu'il présente aux zéphyrs,
L'animal, arrêté sur les monts de la Thrace,
De son épouse errante interroge la trace.
Ses esprits vagabonds l'ont à peine frappé,
Il part, il franchit tout; fleuve, mont escarpé,
Précipice, torrent, désert, rien ne l'arrête :
Il arrive, il triomphe, et, fier de sa conquête,
Les yeux étincelans, repose à ses côtés.

Rivaux meuglans d'amour, les taureaux indomptés
S'appellent au combat, cependant qu'une Hélène,
Prix d'une lutte horrible, erre en paix sur la plaine.
Leur queue à coups pressés aiguillonne leur flanc.

Ils s'atteignent ; leurs fronts se heurtent, et le sang
De leurs corps déchirés coule à longs flots sur l'herbe.
L'un d'eux enfin l'emporte, et, conquérant superbe,
Voit son rival, brûlé d'inutiles désirs,
Lui laisser en fuyant un champ libre aux plaisirs.

Tels le chêne robuste et le hêtre fragile,
Quand l'auster sur les bois tombe d'un vol agile,
Mêlent avec fracas leurs rameaux ébranlés.
L'air retentit au loin de leurs chocs redoublés ;
Le hêtre cède enfin ; sa feuille est arrachée :
De ces tronçons épars la forêt est jonchée ;
Tandis qu'avec orgueil le chêne fastueux
Se relève et déploie un front majestueux.

L'Amour pénètre encor de sa féconde haleine
Le peuple que des eaux nourrit l'immense plaine.
Le poisson, qui, pendant autour du lit des mers,
S'ouvre, et deux fois le jour reçoit les flots amers,
Qui sur un roc mousseux, sa demeure chérie,
Tel que les végétaux, vivant sans industrie,
Réunit toutefois le double sentiment
Et d'épouse et d'époux, et d'amante et d'amant,
Entr'ouvrant aujourd'hui l'écaille qui l'enferme,

De sa postérité laisse échapper le germe.
Ce germe, au gré des vents promené sur les flots,
Ou s'attache aux rochers dispersés sous les eaux,
Ou, porté quelquefois vers l'indien rivage,
Monte jusqu'aux rameaux du manglier sauvage.
Là, dès que la nuit sombre et le père du jour
Une fois dans les airs ont régné tour-à-tour,
L'écaille, autour de lui, naît et se développe,
Se double, s'arrondit, et déjà l'enveloppe;
Là, jusques au retour de la verte saison,
Le stupide animal croît avec sa prison.
Oh! combien le nocher admire cette plage!
Comme il reste surpris, lorsqu'au riant feuillage
D'un arbre, où mille oiseaux gazouillent des chansons.
Son œil voit suspendus des fruits et des poissons!

En vain mille rochers d'une éternelle glace
Des ondes du Spitzberg hérissent la surface,
L'affreux léviathan de son antre profond
S'élance; et, les brisant de son énorme front,
Il se replonge au sein de l'humide campagne.
Sa mugissante voix appelle sa compagne :
Elle accourt. A travers les glaçons écartés,
Ils montent sur leur croupe agilement portés.

Et, le corps dégouttant de flots d'écume noire,
Ils s'unissent, pressés de leur vaste nageoire.

Cependant, asservis à de plus douces loix,
Les oiseaux réveillés se cherchent dans les bois ;
Les innocens désirs, la volupté tranquille
Rend leur voix plus touchante et leur vol plus agile.
Peu sensible, ou s'armant d'une feinte rigueur,
Si d'un air froid l'amante accueille sa langueur,
L'amant plus empressé voltige à côté d'elle ;
Il se plaint, s'attendrit, la frappe d'un coup d'aile,
L'enflamme par degrés au feu de ses désirs,
La caresse en vainqueur, et chante ses plaisirs.

L'homme, l'homme surtout à l'amour est sensible.
Eh ! quel sage aujourd'hui peut se croire invincible,
Lorsque par tous les sens le dieu parle à nos cœurs ?
Un air pur, un beau ciel, de suaves odeurs,
La voix du rossignol, l'éclat de la campagne,
Tout dit qu'il faut à l'homme une tendre compagne.
Contemplez ce Nestor qui touche à son tombeau :
Sur lui l'Amour encore agite son flambeau,
Ranime un peu sa force, et, charmant sa vieillesse,
Lui rappelle les jours de sa verte jeunesse.

Ainsi, quand le démon qui préside aux hivers
Ordonne aux noirs frimats d'attrister l'univers ;
Lorsque d'un voile épais la terre est ombragée,
Jaloux de consoler la nature affligée,
Le soleil, quelquefois triomphant des brouillards,
De tous ses feux armé rayonne à nos regards,
Et, pour nous arracher à nos froides demeures,
Du Printemps qui n'est plus nous rappelle les heures.

L'Hymen, quoique souvent offensé par l'Amour,
De son frère aujourd'hui bénissant le retour,
Réveille des époux la tendresse première.

Que fait Alcidamon le soir dans sa chaumière ?
Des tableaux, par le jour à son œil présentés,
Il parle à sa Rosine assise à ses côtés.
Il a vu des oiseaux la poursuite amoureuse,
La perdrix caressée et la colombe heureuse ;
Sur sa brillante épouse avec lui navigeant,
Le cygne, déployer son plumage d'argent ;
Le folâtre pinçon, la timide fauvette,
Brûler des mêmes feux dont brûlait l'alouette :
Ce récit dans leur cœur rajeunit les désirs ;
Et l'Hymen déridé les ramène aux plaisirs.

Ce bel adolescent, qui n'aime point encore,
Vaguement inquiet, se lève avec l'Aurore :
Il jette sur lui-même un regard curieux.
« Est-ce un songe, dit-il, qui fascine mes yeux ?
« De quel voile nouveau m'ombrage la nature ? »
Entre mille pensers il flotte à l'aventure ;
Il ne soupçonne point que l'âge créateur
Dans son corps a mûri l'esprit générateur
Qui doit le reproduire en un autre lui-même,
Et qu'il est temps enfin qu'il s'enflamme et qu'il aime.
D'un bonheur inconnu le besoin le poursuit.
Il sort, marche au hasard ; et, quand le jour s'enfuit,
Quand, sous de verts bosquets, le soir retrouve ensemble
Les nymphes, les beautés que la cité rassemble,
Là, comme par instinct, entre l'adolescent,
Il dévore des yeux cet essaim florissant,
Ces magiques appas que le jardin recèle ;
Il frissonne, il rougit ; son regard étincelle ;
Son cœur, pour s'affermir, tente de vains efforts.
Veut-il parler, sa voix s'exhale en sons plus forts.

Dans le ravissement où son âme est perdue
Il part, lorsque la nuit, sur nos toits descendue,
Vient avec le sommeil assoupir les travaux ;

Mais à peine son œil en boit les doux pavots,
Un songe bienfaisant, sur un lit de feuillage,
Lui présente une nymphe au matin du bel âge.
L'innocente pudeur de ses feux l'embellit.
L'adolescent plus tendre et se trouble et pâlit ;
Il s'éloigne par crainte ; et l'amour le ramène,
L'amour qui, l'enflammant d'une audace soudaine,
Le précipite au sein de la jeune beauté,
Et l'éveille bientôt ivre de volupté.

Quel changement, ô dieux, suit l'ivresse où se plonge
Ce jeune homme, à l'enfance enlevé par un songe !
C'est un être nouveau, dont le cœur affamé
Sent l'inquiet besoin d'aimer et d'être aimé,
Qui se livre en aveugle au penchant qui l'entraine,
Et, sans choix, court s'offrir à la première chaine.

C'est un esclave enfin, mais un esclave heureux
Qui jure par le ciel de mourir dans ses nœuds ;
Qui, de douces erreurs repaissant son ivresse,
En idole, en Vénus transforme sa maîtresse ;
Qui ne voit, qui ne sent que l'objet adoré ;
Qui tout entier se voue à son culte sacré ;
Ne reconnait pour loi, pour volonté suprême,

Qu'un souhait, un regard, un mot de ce qu'il aime,
Et par excès d'amour, quelquefois sans désir,
Sent humecter ses yeux de larmes de plaisir.

Souffre-t-il les tourments attachés à l'absence ?
Dans son cœur plus épris l'image qu'il encense
Respire, le poursuit, assiége son sommeil,
L'attend et le saisit à l'instant du réveil.
Il prononce cent fois, cent fois il croit entendre
De sa divinité le nom si doux, si tendre.
La foule l'importune; à ses plaisirs bruyans
Il s'arrache, il s'enfonce aux bosquets verdoyans;
Là, couché sur les fleurs, près d'une eau fugitive,
Exhalant en soupirs sa voix demi-plaintive,
Il éveille en pleurant l'écho qu'il attendrit.
Heureux de sa blessure, il l'aime, il la nourrit.
Impatient enfin de languir loin des charmes
Que rappellent toujours ses sanglots et ses larmes,
Il se lève; et s'il faut, la nuit, pour tant d'appas,
Sur les mers, à la nage, affronter le trépas,
Déjà, nouveau Léandre, il s'élance dans l'onde.
Sur lui, d'un pôle à l'autre, en vain la foudre gronde,
En vain contre les rocs mugit le flot brisé;
Il défie à la fois et ce ciel embrasé,

POEME.

Et ces bruyans écueils, et la vague écumante.
Il aborde; il s'élance aux pieds de son amante,
Et, pressés dans ses bras jusqu'au réveil du jour,
Les yeux demi-fermés il boit un long amour.

L'ÉTÉ.

CHANT QUATRIÈME.

JUIN.

Oh! qui m'aplanira ces formidables roches
Qui de l'Etna fumant hérissent les approches,
Ces gouffres, soupiraux des gouffres de Pluton,
Où mourut Empédocle, et que franchit Platon !

Debout sur ces hauteurs où l'homme en paix méprise
La foudre qui sous lui roule, gronde et se brise ;
D'où la Sicile au loin, sur trois fronts s'étendant,
Oppose un triple écueil à l'abîme grondant ;
D'où l'œil embrasse enfin les sables de Carthage,
La Grèce et ses deux mers, Rome et son héritage,
Je veux voir le soleil de sa couche sortir,
De sa brillante armure en héros se vêtir,
Et, traînant les Gémeaux à son char de victoire,
Monter sous le Cancer au faîte de sa gloire.

Un dieu m'exauce, un dieu m'emporte vers Enna :
Je vole, je parviens au sommet de l'Etna.
La nuit, en ce moment, dans les plis de ses voiles,
Se cache, et, sur ses pas entraînant les étoiles,
Elle fuit devant l'aube au visage d'argent
Que ramène en ce mois un char plus diligent.
Tout à coup les forêts, n'aguère abîme informe
Qu'enveloppait la nuit de sa robe uniforme,
Semblent, ainsi qu'au jour où naquit l'univers,
Eclore et s'ombrager de leurs panaches verts.
La scène s'agrandit ; la mer s'étend, s'allonge ;
Dans son immensité l'horizon se prolonge ;
L'Orient va rouvrir son palais de vermeil,
Il l'ouvre ; et tout armé s'élance le soleil.

Te voilà donc, guerrier dont la valeur terrasse
Les monstres qu'en son tour le zodiaque embrasse,
Infatigable Hercule, enfant du roi des dieux,
Qui par douze travaux règnes au haut des cieux !
Te voilà !.... Qu'en ce jour, ô prince de l'année,
La terre, de ton œil partout environnée,
Adore de ton char le cours triomphateur,
Et, pleine de tes dons, chante son bienfaiteur !
Oh ! tu méritais bien ce pur tribut d'hommages

POEME.

Que te paya long-temps la sagesse des mages ;
Eux qui, près de l'Hydaspe, en longs habits de lin
Attendaient ton réveil l'encensoir à la main,
Et, saluant en chœur ta clarté paternelle,
Chantaient : Gloire au Très-Haut ! Sa course est éternelle.

Qu'il est beau ton destin ! Présent à tous les lieux,
Soleil, tu remplis seul l'immensité des cieux !
De l'aurore au Midi, du couchant jusqu'à l'Ourse,
Tu pousses tes exploits : rien ne borne ta course.
Que dis-je ? Eh ! ton pouvoir est bien plus grand encor,
Dieu des airs ! Tu régis l'harmonieux accord
De la céleste armée au sein du vide errante ;
C'est toi qui l'y suspends : ta force pénétrante
L'écarte, et, tour à tour la ramenant vers toi,
En contraint tous les corps à t'escorter en roi.
Tu les enrichis tous ; mais la terre jalouse
Etale tes bienfaits en orgueilleuse épouse.
Jardins, parés de fleurs et prodigues d'encens,
Humides prés vêtus de gazons verdissans,
Vastes forêts, vergers où Pomone respire,
Plaines qui de Cérès forment le riche empire,
Coteaux chers à Bacchus, tout germe à ta chaleur ;
Ta flamme leur départ la vie et la couleur,

Tandis que de leurs flancs une mort éternelle
Glacerait, sans tes feux, la vigueur maternelle.

Pour toi, rien ne ternit ton antique splendeur ;
Tu ne vieillis jamais : non, soleil, ton ardeur,
Du temps qui détruit tout, n'a point senti l'atteinte.
Cent trônes renversés pleurent leur gloire éteinte ;
Là, tu vis dans la flamme Ilion s'engloutir ;
Ici, gît au tombeau le cadavre de Tyr ;
Là, Rome des Césars a passé comme une ombre ;
Les peuples et les jours s'écouleront sans nombre :
Toi seul, au haut des airs, victorieux du temps,
Tu contemples en paix ses débris éclatans.
Tes temples sont tombés, et le dieu vit encore.
Ce colosse n'est plus, qui du fils de l'Aurore,
Ou plutôt de toi-même emblême ingénieux,
Rendait à ton aspect des sons harmonieux :
Mais tu brilles toujours sur cette île ébranlée,
Sur Rhode, où se brisa ta statue écroulée.

Me trompé-je ! de Rhode, au fond de ce lointain,
Ne vois-je point d'ici le boulevard hautain ?
Oui ; c'est lui-même : un jour il deviendra ma proie.
Quand ma muse, enfantant une seconde Troie,

Y conduira vainqueur ce peuple hospitalier
Qui monta dans Solyme au rang de chevalier ;
Que tes rayons alors, soleil, dieu de la lyre,
Jusqu'aux transports d'Homère échauffent mon délire.
Grand astre, tu le sais, j'ai besoin de tes feux ;
Avec eux je m'éteins, je renais avec eux.
Ah ! tant que roulera le fuseau de ma vie,
Que ta douce clarté ne me soit point ravie !
Puisse, tourné vers toi, mon œil, près du tombeau,
Par un dernier regard saluer ton flambeau !

Malheureux, en effet, qui sent mourir sa vue,
Et qui doit vivre encore après l'avoir perdue !
Il gémit, il s'écrie : « Une immuable loi
« Ramène le soleil, et ce n'est plus pour moi !
« Je ne goûterai plus cette volupté pure
« Que donnait à mes sens l'aspect de la nature....
« Adieu, riante aurore ; adieu, riantes fleurs,
« Où la riche lumière épanche ses couleurs !
« Adieu, bois et ruisseaux : adieu, verte prairie
« Dont l'agneau bondissant paissait l'herbe fleurie !
« Les dieux m'ont envié le bonheur de vous voir.
« Et vous, de qui mon cœur adoucit le pouvoir,
« Belles, je n'irai plus m'égarer sur vos traces ;

« Pour la dernière fois, j'ai contemplé vos grâces,
« Votre souris d'amour, ce front brillant d'attraits
« Où de sa douce image un dieu grava les traits.
« Peut-être suis-je loin de ces instans funèbres
« Qui doivent m'entraîner au séjour des ténèbres ;
« Et l'éternelle nuit a commencé pour moi. »

Soleil ! ainsi pleurait, les bras tendus vers toi,
L'aveugle d'Albion dont la muse sublime
A peint l'homme naissant et l'infernal abîme.
Pour moi, favorisé d'un destin plus heureux,
Je n'ai qu'à rendre grâce à l'éclat de tes feux.
C'est par toi que je puis du sommet des montagnes
Embrasser du regard les beautés des campagnes,
Contempler la Falaise et la sainte splendeur
Des fêtes où Tourny couronne la pudeur.

Que ce jour est touchant ! Qu'il a d'augustes charmes !
Comme l'œil attendri s'ouvre à de douces larmes !
Qu'on ne me parle plus de ces solennités,
Du retour de ces jeux que Pindare a chantés ;
Ce cirque d'Olympie où le dieu de la guerre
Formait ses nourrissons à ravager la terre,
D'un chimérique honneur fascinait les humains.

Qu'on ne me parle plus de ces fameux Romains
Qui, parés d'une pompe et cruelle et frivole,
Triomphateurs sanglans, montaient au Capitole :
La triste humanité se voilait devant eux,
Et fuyait en pleurant des crimes trop heureux :
Ici, de la vertu c'est la pompe paisible.

Du fond de la vallée, où, tantôt invisible,
Tantôt se déployant sous un ciel découvert,
La Maudre, dans la Seine, à flots tardifs se perd,
Le visage enflammé, l'œil de larmes humide,
Voyez-la s'avancer cette vierge timide,
Gilbert, qui la première appelée aux honneurs,
Ouvrira de son nom les annales des mœurs :
Nom qui jusqu'à ce jour n'avait eu rien d'illustre,
Tu t'ennoblis : mes vers te devront quelque lustre.

Au front de la colline une rose l'attend ;
Elle y monte. Un drapeau, devant elle flottant,
Sur deux files conduit six pasteurs, six bergères.
Des rubans, façonnés en guirlandes légères,
A ses habits de lin mêlent leur incarnat ;
Auprès d'elle le chef de l'agreste sénat,
Et le sage vieillard qui lui donna la vie

Marchent : d'un chœur pieux elle arrive suivie.
Et cependant, remise au bienfaisant seigneur,
Dont la main la conduit au chapeau de l'honneur,
Confuse de sa gloire, elle a franchi l'enceinte
Où Dieu voile l'éclat de sa majesté sainte.
Aux marches de l'autel son front avec respect
S'incline ; et tous les cœurs, émus à son aspect,
Attendent la prière auguste et solennelle
Que réclame d'un dieu la bonté paternelle.

Le pontife s'avance, et dit : « O Tout-Puissant,
« Dont l'amour se complaît dans un cœur innocent,
« S'il est vrai qu'ici-bas la vertu la plus pure
« Soit du sexe à tes yeux la première parure,
« Quand de fleurs à regret tu vois dans les cités
« Le vice couronner de coupables beautés,
« Tu dois sur tes autels voir avec complaisance
« La rose destinée à parer l'innocence.
« Bénis-la par nos mains ; et, quand de cette fleur
« Le temps aura terni la fragile couleur,
« Que la vierge du moins, devant toi prosternée,
« De ses vertus encor vieillisse couronnée. »
Il dit ; et le chapeau, que ses mains ont béni,
Brille au front de Gilbert attaché par Tourny.

POEME.

Jeune vierge, sortez. Aux portes de ce temple
Montrez-vous. Tout un peuple attend ; qu'il vous contemple ;
Qu'il aime dans vos traits les traits de la vertu.
En revoyant ce front, de gloire revêtu,
Il sentira des mœurs le charme, la puissance ;
Il saura que les mœurs honorent l'indigence.
Eh ! que de cœurs déjà sont noblement jaloux !
Que d'autres vont briguer le nom de votre époux !
Un jour, ô douce image ! un jour, d'un air aimable,
A vos enfans, assis autour de votre table,
Vous direz vos honneurs ; vous ferez voir ce prix :
Et votre jeune fille, avec un doux souris,
Interrogeant par fois sa mère qu'elle écoute,
Vous l'envira ce prix, et l'obtiendra sans doute.

Mais la chaleur s'irrite, et les prés sans fraîcheur
Appellent au travail le robuste faucheur.
Il marche par essaim vers l'aimable contrée
Qui vit le grand Henri soupirer pour d'Estrée ;
Champs féconds en herbage, où deux fois tous les ans
La faux vient moissonner les plus riches présens.
Là, de côteaux fleuris règne une double chaîne
Qu'ombragent des forêts et de hêtre et de chêne ;
A leur pied, que jamais n'a battu l'aquilon,

S'élargit et s'allonge un immense vallon.
Errante en vingt canaux, l'Oise majestueuse
Y promène à longs plis son onde tortueuse.
Fleuve antique, ornement de ces prés toujours verts,
Où, robustes vainqueurs des vents et des hivers,
Trois ormeaux, abreuvés de ton onde éternelle,
M'ont prêté quelquefois leur ombre fraternelle,
Je vais près de tes eaux, spectateur en désir,
D'une scène champêtre égayer mon loisir !

Quel grand peuple assemblé dans cette vaste plaine
Y brave du Midi la dévorante haleine ?
Sous le rapide fil d'une tranchante faux
Qui va, revient sans cesse, et frappe à coups égaux,
Il fait tomber sans choix sur le sein de Cybèle
Et l'herbe la plus vile et la fleur la plus belle.
Ainsi tombent, ô mort ! sous ton fer meurtrier,
Le héros magnanime et le lâche guerrier,
Le mortel bienfaisant et l'ingrat qui l'outrage.

Un soin plus doux succède à ce pénible ouvrage.
Mille essaims de faneurs s'agitent dispersés.
L'un étale au soleil les gazons renversés ;
L'autre, armé d'un bâton, roule sur la prairie

L'herbe que de ses feux le soleil a mûrie,
Le visage bruni par l'excès des chaleurs,
Les belles du hameau, sous un chapeau de fleurs,
Un trident à la main, la gorge demi-nue,
De la plaine avec eux parcourent l'étendue ;
Des enfans sur leurs pas traînent de longs rateaux ;
Enfin lorsque Vesper tombe sur les coteaux,
La richesse des prés, en meules ramassée,
Sur les chars de Cérès monte en ordre entassée.
On la traîne au hameau : la foule au même instant,
Au son du flageolet, l'accompagne en chantant.

La nuit vient ; et sitôt que la grange étonnée
Cache les premiers dons que dispense l'année,
Vers un espace libre où s'élève un bûcher
Le flageolet encor les pressant de marcher ;
A ce joyeux signal ils y volent ensemble.
Près du bûcher la troupe en cercle se rassemble,
Et, pour en dévouer la flamme aux immortels,
Attend l'homme sacré qui préside aux autels.

Il paraît dans l'éclat de sa parure sainte,
De ce temple sans murs parcourt trois fois l'enceinte ;
Et tandis que les voix d'un cortége pieux

Font retentir les airs de chants religieux,
Seul, des flancs du bûcher il s'approche en silence,
D'une torche le frappe ; et la flamme s'élance.
Il s'éloigne ; les ris, qu'effrayait son aspect,
Prennent sur tous les fronts la place du respect.
Sa retraite a donné le signal de la danse ;
Un aimable délire en trouble la cadence.
On se prend, on se quitte, on se reprend encor.
Là, l'Amour, ne blessant qu'avec des flèches d'or,
Inspire à ses sujets une audace charmante.
L'un soulève en ses bras la svelte Sélimante ;
L'autre vole en passant un rapide baiser
Que la boudeuse Iris feignait de refuser.
Des Nestor du canton, plus loin s'assied un groupe,
Qui de joie et de vin s'enivre à pleine coupe.
Le feu baisse ; et l'enfant, qui n'osait approcher,
D'un pied hardi s'enlève et franchit le bûcher.

Muse, dis maintenant quelle sage contrée,
La première, ordonna cette pompe sacrée !
Le peuple ingénieux qui sut dans l'Orient
Cacher la vérité sous un voile riant,
Tous les ans, par les feux d'un bûcher symbolique,
Rendait grâce au soleil, quand son char moins oblique,

POEME.

Du cercle de leurs mois prêt à finir le tour,
Sur l'Euphrate et l'Indus versait le plus long jour.

Eh ! qui pouvait mieux peindre à la race première
Cet astre prodiguant la flamme et la lumière :
Qui mieux eût figuré son trône radieux
Qu'un bûcher dont la cime allait chercher les cieux ?
Brûlant, il ramenait le jour, quand les étoiles,
Cortége de la nuit, illuminent ses voiles.
O Gange ! en vain ce culte est né dans tes climats ;
Il ne t'en souvient plus ; mais parmi les frimats
Il vit encore, il vit sur les rocs du rivage
Qui forment de Thulé la ceinture sauvage.
C'est là que le soleil plus visible aux mortels,
Par de longs jours sans nuit, demande des autels.

Sur ces bords où son char, demi-plongé dans l'onde,
Semblait fuir à regret aux limites du monde ;
Où quatre heures en deuil, seules formant sa cour,
En obliques rayons donnaient un triste jour,
Le roi du feu s'élève, agrandit sa carrière,
Et du couchant à peine a touché la barrière,
Que rouvrant au Cancer la brûlante saison,
Visible, il se promène autour de l'horizon.

L'Eté n'est plus qu'un jour. Loin du bruit des orages
Le ciel laisse dormir l'Océan sans naufrages ;
La terre se réveille, et prodigue en deux mois
Les fleurs, les grains, les fruits, tous les dons à la fois.

Tel que le nautonnier, qu'une trop longue absence
Ravit à des enfans plongés dans l'indigence,
A des enfans que l'onde entendait chaque jour
De leur père aux zéphyrs demander le retour ;
Dès qu'à leurs yeux en pleurs brille son doux visage,
Il leur rend l'allégresse, il étale au rivage
Les biens dont la fortune a payé ses travaux,
Et tous dans l'abondance ont oublié leurs maux :
Ainsi quand le soleil y reprend son empire,
Dans les champs de l'Hécla tout renaît, tout respire.

L'Eté voit cependant un climat plus heureux,
Sur qui le jour s'épanche en rayons amoureux,
Où la nuit lumineuse, et fraîche de rosée,
Donne aux amans rêveurs la paix de l'Elysée.
France, voilà les lieux où fleurissent tes lis !
Nos champs, par la nature et par l'art embellis,
Forment un beau théâtre, où, variant leur scène,
La Garonne et la Loire, et le Rhône et la Seine,

S'épandent, et d'un cours tardif ou diligent,
Sous des forêts d'épis, roulent à flots d'argent.
Ici, sur nos coteaux, la vigne triomphante
Se pare avec orgueil des raisins qu'elle enfante;
Là, du riche olivier le fruit pend en bouquets;
Là, de pommes couverts, nos champs sont des bosquets.
Sous les mains du travail, partout je vois éclore
Les présens réunis de Vertumne et de Flore :
Le Français a changé sa patrie en jardin.

Que l'Inde à nos climats insulte avec dédain,
Qu'elle vante l'or pur qui coule dans ses veines,
Le faste étincelant de ces parures vaines
Qui, d'un sérail esclave, enflent la vanité :
Eh ! que sert l'opulence où gémit la beauté?
Notre sort est plus doux. En de libres campagnes
L'Amour voit folâtrer nos riantes compagnes.
Nos marais desséchés, nos fleuves contenus,
Nos vaisseaux enrichis aux bords les moins connus,
Mille fruits transplantés sur nos rives fécondes,
Tout nous donne à la fois les trésors des deux mondes.

Eh ! qu'envirait la France aux climats étrangers ?
Elle en a tous les biens, et non pas les dangers :

L'homme errant n'y craint point ces races écumantes
Des dragons croupissans au sein des eaux dormantes ;
L'impitoyable tigre, aigri d'un fiel rongeur,
Ne s'enivre jamais du sang du voyageur :
Mais le cerf innocent, la chèvre pétulante,
Et le coursier docile, et la brebis bêlante,
Sous les bois, sur les prés, dans les plaines épars,
Pour charmer son ennui, s'offrent de toutes parts.
Il voit du bord des eaux, au sommet des collines,
Des châteaux dominans les campagnes voisines ;
Des murs d'où tonne au loin le bronze protecteur ;
Des temples qui des cieux atteignent la hauteur ;
Par des routes d'ombrage, à grands frais couronnées,
Les Alpes s'unissant au front des Pyrénées,
Et, contraint par Riquet à partager ses flots,
Un seul fleuve aux deux mers porter nos matelots.

Triomphe, heureux Français! c'est pour toi qu'Uranie
Agite sur les arts le flambeau du génie.
Peuples du Nord, et vous, nos superbes rivaux,
Anglais, venez en foule admirer nos travaux !
Nos marbres animés à la race future
Redonnent nos héros ; la noble architecture
Élève des palais pour les enfans des dieux :

POEME.

La fière Poésie, en vers mélodieux,
Chante des élémens l'existence éternelle,
Et du vaste univers la marche solennelle.
Les émules d'Hypparque, aigles audacieux,
D'un vol infatigable ont mesuré les cieux :
Les mondes sont comptés..... Je te salue, ô terre,
Féconde dans la paix, féconde pour la guerre !
Ah ! puisses-tu goûter, en écoutant mes chants,
Le plaisir que j'éprouve à célébrer les champs.

Le tranquille Vesper maintenant y ramène
Ces heures de fraîcheur où ma muse promène
A travers la prairie et les sillons dorés
Ses pensers et ses pas doucement égarés.
Combien plaît à mes sens ce zéphyr qui voltige,
Les suaves parfums qu'exhale chaque tige,
Et ce soleil mourant, dont les obliques feux
Glissent sous la verdure en réseau lumineux !
Que j'aime à respirer l'air pur de ces fontaines
Où s'agitent sur moi des ombres incertaines !

Mais que dis-je ? en perçant dans ce bois retiré,
D'un cruel souvenir mon cœur est déchiré.
Je chantais au printemps, sous ce même feuillage,

Myrthé fidèle alors, et maintenant volage.
Témoins de mon bonheur, solitaires ormeaux,
Que votre douce paix fasse trêve à mes maux :
Si vous embellissiez les jours de mon ivresse,
Vous devez aujourd'hui consoler ma tristesse.
Assiégé d'importuns, leur dérobant mes pleurs,
J'ai besoin d'un ami qui plaigne mes douleurs ;
Soyez les confidens de mon inquiétude :
L'amour infortuné cherche la solitude.
Oui, trop plein de mes maux, et lassé d'y rêver,
Beau vallon ! dans ton sein je voudrais retrouver
Ce goût des vrais plaisirs que la nature donne,
Et qui fuit un amant que l'espoir abandonne.

Mais, hélas ! j'aime encor, je le sens ; et mes yeux,
Chargés de nouveaux pleurs, en baigneraient ces lieux
Ici, tout me ramène à mon lâche esclavage.
Il est trop dangereux de revoir ce rivage ;
Ah ! mes plaintes encore y prouvent mon amour :
Perdons-en la mémoire, et fuyons ce séjour.

Je vais suivre vos pas, enfans, jeunes bergères,
Qui cueillez en chantant les fraises bocagères.
Je pénètre avec vous ces fertiles réduits

POEME.

Où pendent aux rameaux les prémices des fruits,
En globes transparens la cerise vermeille,
La framboise odorante et la fraîche groseille,
L'abricot dont l'Euphrate enrichit nos climats,
Et la prune conquise aux plaines de Damas,
Et le melon pesant dont la feuille serpente;
Doux fruit, qui, dégagé de sa feuille rampante,
Sur sa couche exhaussée aux rayons du midi,
Etale la grosseur de son ventre arrondi.
Tels sont les premiers fruits que la nature enfante,
Alors que poursuivant sa marche triomphante,
Le soleil de ses feux a rougi le Cancer.
Que ses feux sont puissans! L'onde, la terre et l'air,
Par eux tout se ranime, et par eux tout s'enflamme.

L'oiseau de Jupiter, aux prunelles de flamme,
Sur l'aride sommet d'un rocher sourcilleux
S'arrête, et, tout à coup, d'un vol plus orgueilleux,
Chargé de ses aiglons et perdu dans les nues,
Traverse de l'Ether les routes inconnues;
Il s'approche du trône, où, la flamme à la main,
Des saisons et des mois s'assied le souverain.
Là, tandis que sous lui roule et gronde l'orage,
De sa jeune famille éprouvant le courage,

Il veut que l'œil fixé sur le front du soleil,
Ils bravent du Midi le brûlant appareil.
Malheur au nourisson dont la faible paupière
Dément son origine et refuit la lumière !
Par sa mère, en fureur, jeté du haut des airs
Il retombe écrasé sur les rochers déserts.

Dans les sables mouvans de l'ardente Libye,
Au fond des antres sourds creusés dans l'Arabie,
La terrible lionne a placé le berceau
Où le jour va briller à l'œil du lionceau.
Il respire ; et, déjà furieuse, alarmée,
Les yeux étincelans, et la gueule enflammée,
Autour de sa caverne elle rode à grands pas.
Pour son fils menacé des fers ou du trépas,
Tendre mère, elle craint le courage et l'adresse
Du chasseur qui l'attend aux piéges qu'il lui dresse.

Aux bords du Sénégal, quel monstrueux serpent
Etale de son corps le volume rampant ?
Allongé sur la terre, il la couvre ; sa tête
L'ombrage des replis d'une sanglante crête,
Et d'écume après lui, laissant un long sillon,
La langue à coups pressés darde un triple aiguillon.

Sous les traits de ce monstre informe, horrible, immense,
Qu'irritait du Midi la fougueuse inclémence,
Vélose, né pasteur dans les champs lusitains,
Et son fils Almandés finirent leurs destins.
A l'appât des trésors, qu'un espoir chimérique
Promettait à leurs vœux sous le ciel de l'Afrique,
Ils avaient abordé, conduits par les zéphyrs,
Le rivage lointain si cher à leurs désirs.
Un jour, en un désert, tous deux à l'aventure
Erraient : mais le Midi tourmentait la nature,
Et sur le front noirci du couple voyageur
Dardait ses javelots armés d'un feu vengeur.
Hors d'haleine, vaincus de sa brûlante rage,
Ils s'arrêtent enfin, et sous un vaste ombrage
Attendent que des cieux le globe moins ardent
Précipite son cours vers l'humide Occident.
Couchés sur le gazon, Almandés et son père
Se livraient à l'espoir d'un voyage prospère ;
L'un et l'autre buvaient l'oubli de leurs travaux,
Et sur eux le sommeil distillait ses pavots.

Bientôt de la forêt perçant le long silence,
Un horrible dragon glisse, siffle, s'élance ;
Il se dresse ; et déjà le rampant ennemi

Serre de vingt liens le jeune homme endormi.
Almandès, juste ciel ! Almandès sent à peine
Les cercles redoublés dont le dragon l'enchaîne ;
Que d'affreux hurlemens sa voix remplit les airs,
Et fait au loin mugir l'écho de ces déserts !
Le père (quel objet pour les regards d'un père !)
S'éveille, et, dans les nœuds d'une immense vipère,
Voit le corps de son fils de mille coups ouvert,
Tout dégouttant d'écume, et de sang tout couvert.
D'un glaive étincelant il arme sa tendresse ;
Et tandis que le fer sur le monstre se dresse,
Le monstre, plus agile et plus impétueux,
Dénouant de son corps le réseau tortueux,
Abandonne le fils, vole au père et l'enferme
Dans les nombreux anneaux d'une chaîne plus ferme.
En vain du malheureux les bras emprisonnés
S'efforcent de briser leurs nœuds empoisonnés ;
Le monstre, redoublant sa rage et ses morsures,
Le trempe de venin, le couvre de blessures,
Le déchire, l'étouffe, et, de sang enivré,
Le renverse mourant sur le fils expiré.

Malheureux ! voilà donc le riche et beau partage
Que vous alliez chercher loin des hameaux du Tage !

POEME.

Ah ! pour de faux trésors, cachés sous d'autres cieux,
Fallait-il déserter le toit de vos aïeux,
Cette heureuse cabane où vous prîtes naissance,
Et ces vallons rians où la paix, l'innocence,
Filent pour le berger un tissu d'heureux jours,
Où les seuls vrais plaisirs l'accompagnent toujours !

A peine sur le front de son humble chaumière
Il voit briller du jour la naissante lumière,
Qu'aux sons réjouissans d'un rustique pipeau,
Sur les monts escarpés il conduit son troupeau.

La chèvre et la brebis, à ses côtés errantes,
Y paissent l'herbe tendre et les fleurs odorantes ;
Et lorsque suspendue aux rameaux des buissons,
La cigale emplit l'air de ses aigres chansons,
Quand tout brûle des feux que le Midi nous lance,
Rêvant à ses amours, le pasteur en silence
Des bocages voisins cherche l'asile épais,
Et, caché sous leur ombre, y respire la paix,
Il attend que du soir la douce et pure haleine
Ait rafraîchi les airs et parfumé la plaine :
Alors, près d'un canal, le pasteur vigilant
Amène le troupeau, qui s'abreuve en bêlant.

Mais déjà de Vénus la lumière incertaine
L'invite à déserter les bords de la fontaine.
Il se lève, il fait signe à l'aboyant Niton ;
Et, chassés devant lui, bélier, agneau, mouton,
L'un sur l'autre entassés, abandonnent la rive.
La troupe marche en foule, elle avance, elle arrive,
Et s'étend sur un sol dont les nouveaux guérets
Attendent, pour germer, les sels d'un riche engrais.
En claie entrelassés, l'osier et la charmille
Y ceignent d'un rempart la bêlante famille.
Niton rôde sans cesse autour de la cloison ;
Et le pasteur, ouvrant sa roulante maison,
S'assied et voit enfin d'une course légère,
Un panier sur la tête, arriver sa bergère :
Elle apporte un repas de ses mains préparé,
Repas que l'appétit a bientôt dévoré.
Ils s'endorment contens, et l'aurore vermeille
Ramène encor l'amour au couple qui sommeille.

Ainsi vivent heureux les bergers dans nos champs.
Sans doute ils ont perdu de ces plaisirs touchans
Qui des premiers pasteurs embellissaient la vie.
Ils ne sont plus les jours de l'aimable Arcadie ;
Ces jours qui, sous des cieux fermés aux aquillons,

De la fraîche Aréthuse enchantaient les vallons ;
Qui voyaient l'Eurotas, égaré dans sa course,
De lui-même amoureux, fuir à regret sa source :
L'âge a changé des bords autrefois si charmans.
Là, d'innocens bergers, de fidèles amans,
En vers mélodieux soupiraient leur tendresse,
Se disputaient le cœur d'une jeune maîtresse,
La choisissaient pour juge, et, par des chants nouveaux,
Savaient la conquérir sur d'aimables rivaux.
Alors les fils des rois, parés d'une houlette,
Des riantes forêts habitaient la retraite.
Le beau Pâris enfla les chalumeaux légers ;
Les dieux même, les dieux se mêlaient aux bergers.
Apollon vers l'Amphrise, et Pan sur le Ménale,
Comme eux, firent parler la flûte pastorale :
Les fleuves arrêtés écoutaient ; et l'Hémus
Balançait les rameaux de ses chênes émus.

Il est pourtant des lieux dont les fêtes agrestes
De ces jours fortunés offrent encor les restes.
Inspirés par un ciel où, couronné d'azur,
Souvent, durant six mois, rayonne un soleil pur,
Les bergers de Sicile et de l'Occitanie,
Sans étude, sans art formés à l'harmonie,

Cadencent quelques vers, fruits de leurs doux loisirs,
Et jouissent encore en chantant leurs plaisirs.

J'ai vu dans mon printemps ces fêtes bocagères ;
J'associais ma voix à la voix des bergères.
Au bruit du tambourin nous dansions sous l'ormeau,
Vieux témoin des amours et des jeux du hameau ;
Et quoiqu'aux plus doux feux mon âme encor fermée
Ignorât le bonheur d'aimer et d'être aimée,
Souvent d'un trouble vague, en écoutant ces airs,
Je me sentais ému ; j'allais aux bois déserts :
Je rêvais aux bergers, à leurs tendres compagnes,
Et redisais leurs vers à l'écho des montagnes.
Hélas ! que n'ai-je pu, plaisir de mes beaux jours,
Ou ne vous point connaître, ou vous goûter toujours !

CHANT CINQUIÈME.

JUILLET.

L'univers existait ; mais l'univers encore
Ne voyait point régner l'ordre qui le décore.
Enfin à ce grand tout un Dieu donna des lois,
Et, destinant chaque être à d'éternels emplois,
Lui marqua son séjour, son rang et sa durée.
Il déploya des cieux la tenture azurée,
Du soleil sur son trône en fit le pavillon,
Voulut qu'il y régnât, et qu'à son tourbillon
Il enchaînât en roi le monde planétaire ;
Que, du globe terrestre esclave tributaire,
Le nocturne croissant, dont Phébé resplendit,
Sous les feux du soleil tous les mois s'arrondît ;
Que, d'un cours sinueux traversant les vallées,
Le fleuve s'engloutît dans les plaines salées ;
Qu'on vît toujours aux fleurs succéder les moissons,

Et les fruits précéder le règne des glaçons ;
Que l'ambre hérissât la bruyante Baltique ;
Que l'ébène ombrageât la rive asiatique ;
Que le sol des Incas d'un or pur s'enrichît ;
Que dans les flots d'Ormus la perle se blanchît ;
Qu'aux veines des rochers une chaleur féconde
Changeât en diamant le sable de Golconde ;
Que le fleuve du Caire, en ses profondes eaux,
Prêtât au crocodile un abri de roseaux ;
Que le phoque rampât aux bords de la Finlande ;
Que l'ours dormît trois mois sur les rochers d'Islande ;
Que sous le pôle même, où vingt fleuves glacés
Apportent le tribut des hivers entassés,
Éparses en troupeaux, les énormes baleines
Du sauvage Océan fissent mugir les plaines ;
Et qu'au bord de ces lacs, où cent forts démolis
Au triste Canada font regretter nos lis,
Le castor, avec nous disputant d'industrie,
De hardis monumens embellît sa patrie.

De ces républicains, nos paisibles rivaux,
Le soleil en ce mois éclaire les travaux.
Dirigés par l'instinct, dont la voix les rassemble,
Aux rivages d'un fleuve ils s'avancent ensemble,

Ils veulent, l'un par l'autre au travail excités,
D'un pont couvrir les eaux, et bâtir des cités.

En désordre d'abord répandus sur l'arène,
Ils s'y rangent en cercle, ils attaquent un frêne
Qui, robuste, noueux, élancé dans les airs,
D'épais et longs rameaux couvre les bords déserts.
Sous l'effort de leurs dents, à grand bruit, sur la plage
Il tombe; il a perdu l'honneur de son feuillage.

Tandis que par la foule, à la hâte emporté,
Le tronc au sein des eaux roule précipité,
D'autres, que dans leur marche un vieux chef accompagne,
D'arbres moins vigoureux dépeuplent la campagne,
Les portent jusqu'au fleuve, et, nerveux matelots,
Les font d'un cours heureux naviguer sur les flots.
Des pieux en sont formés; une magique adresse
Dans l'onde en pilotis les enfonce, les dresse.
On enlace autour d'eux le souple balizier,
Et le saule flexible, et le docile osier.
Celui-ci va, revient, et, voyageur agile,
Sur sa queue aplatie il emporte l'argile
Qu'en ciment sous ses pieds un autre ramollit.
De ce limon broyé la digue se remplit,

S'élève, sort enfin des eaux qu'elle domine,
Et déjà sur le pont le castor s'achemine.
Solide monument ! son immense longueur
Étonne des humains l'adresse et la vigueur.

Ces travaux achevés, la sage république
Se partage en tribus, et par groupes s'applique
A créer une ville où, sous trente maisons,
Elle doit voir renaître et mourir deux saisons.
Le travail recommence, et le double rivage
Des arbres qu'il nourrit souffre encor le ravage.
De leurs vastes débris, à la glaise mêlés,
Naissent des pavillons avec art modelés ;
Ils montent couronnés d'une cime arrondie.

Telle on vit s'élever, aux champs de Numidie,
La ville où les Troyens, du naufrage assaillis,
Furent par une reine en triomphe accueillis.
Ici, pour décorer l'enceinte d'un théâtre,
Le ciseau façonnait le porphyre, l'albâtre ;
Là, régnaient dans les airs les créneaux d'une tour ;
Plus loin, s'ouvrait d'un port le spacieux contour ;
Et, prodiguant partout leurs travaux et leurs veilles,
Les arts au fils d'Anchise étalaient des merveilles.

Que les vents, désormais de sa cité jaloux,
L'assiègent; le castor insulte à leur courroux.
Le buis et le sapin, qu'épargne la froidure,
Prêtent à son sommeil des tapis de verdure.
Les querelles jamais ne troublent ses loisirs;
Et lorsque, ramenant la saison des plaisirs,
L'amour viendra régner sur ce peuple amphibie,
Le castor, peu semblable aux monstres de Libye,
N'ira point, altéré de combats et de sang,
Défier un rival et lui percer le flanc :
Aimé de sa compagne, il lui reste fidèle.

Mais nous qui l'admirons, nous sert-il de modèle ?
Savons-nous comme lui, sans haine, sans discorde,
De l'ordre social respecter les accords ?
Le seul Helvétien lui ressemble peut-être.
Dans ses Alpes caché, libre et digne de l'être,
Ignorant notre luxe et nos folles erreurs,
Du sol qui le nourrit il aime les horreurs.

Helvétiques tribus, sur vos roches fameuses,
D'où tombent cent torrens en ondes écumeuses,
Heureux qui maintenant, comme vous, à longs traits,
Goûte l'air frais et pur de vos vieilles forêts !

Ah ! tandis que sur nous le Cancer règne encore,
Que sous un ciel d'airain le soleil nous dévore ;
Tandis que haletant, l'homme, ainsi que les fleurs,
Baisse un front accablé sous le faix des chaleurs,
Monts chantés par Haller, recevez un poète !

Errant parmi ces rocs, imposante retraite,
Au front du Grindelval je m'élève, et je voi,
Dieux ! quel pompeux spectacle étalé devant moi !
Sous mes yeux enchantés la nature rassemble
Tout ce qu'elle a d'horreurs et de beautés ensemble ;
Dans un lointain qui fuit un monde entier s'étend.

Eh ! comment embrasser ce mélange éclatant
De verdure, de fleurs, des moissons ondoyantes,
De paisibles ruisseaux, de cascades bruyantes,
De fontaines, de lacs, de fleuves, de torrens,
D'hommes et de troupeaux sur les plaines errans,
De forêts de sapins au lugubre feuillage,
De terrains éboulés, de rocs minés par l'âge
Pendans sur des vallons que le printemps fleurit,
De coteaux escarpés où l'automne sourit,
D'abimes ténébreux, de cimes éclairées,
De neiges couronnant de brûlantes contrées,

Et de glaciers enfin, vaste et solide mer,
Où règne sur son trône un éternel hiver ?

Là, pressant à ses pieds les nuages humides,
Il hérisse les monts de hautes pyramides,
Dont le bleuâtre éclat, au soleil s'enflammant,
Change ces pics glacés en murs de diamant ;
Là, viennent expirer tous les feux du solstice.
En vain l'astre du jour, embrasant l'Ecrevisse,
D'un déluge de flamme assiége ces déserts ;
La masse inébranlable insulte au roi des airs.
Mais trop souvent la neige, arrachée à leur cime,
Roule en bloc bondissant, court d'abime en abime,
Gronde comme un tonnerre, et, grossissant toujours
A travers les rochers fracassés dans son cours,
Tombe dans les vallons, s'y brise, et des campagnes
Remonte en brume épaisse au sommet des montagnes.

Si je quitte ces lieux, si je vole aux climats
Que jamais n'ont blanchis la glace et les frimas,
A mes regards encor ce mois offre en spectacle
Le Nil qui fuit sa rive et roule sans obstacle.

Ce fleuve, qui long-temps nous cela son berceau,

Echappé de Goyame en rapide ruisseau,
Du vaste Dambéa traverse le domaine.
Sous des îles sans nombre il recourbe, il promène
Ses flots purs, couronnés de lauriers toujours verts.
Bientôt, devenu roi de vingt fleuves divers,
Entraînant avec lui leurs ondes tributaires,
Par de puissans états, par des lieux solitaires,
Aux bornes de Nubie il court impétueux.
En vain, pour le dompter, mille rocs tortueux
Du sauvage Mosho hérissent la contrée,
Et, remparts de l'Egypte, en défendent l'entrée;
De ses flots mutinés, que l'écume blanchit,
Le Nil couvre ces monts, s'enlève et les franchit;
Il tombe : les échos, dans les rocs qu'il inonde,
Répètent longuement le fracas de son onde.

Mais qu'il roule d'un cours plus bruyant et plus fier,
Aujourd'hui qu'étalé comme une vaste mer,
Il s'est enflé des eaux dont l'humide tropique
Couvre depuis trois mois le sol éthiopique !
Dans le calme annuel des vents étésiens,
En triomphe il arrive aux bords égyptiens,
Y répand en grondant sa vague débordée ;
Tout nage : et cependant cette Egypte inondée

POEME.

Rend grâces par des jeux, des festins et des chants,
Au fleuve nourricier égaré dans ses champs.
Pour elle, un mois entier n'est qu'une longue fête.

Qu'un destin différent pour l'Europe s'apprête !
Ils approchent les jours où nos sillons dorés
Verront les moissonneurs, du Midi dévorés,
Se noircir à ses feux, et, d'une main lassée,
A peine soulever la faucille émoussée :
Ils vont pousser encor des soupirs douloureux
En recueillant des fruits qui ne sont pas pour eux.

Ah ! du moins, si des loix dignes des temps antiques,
Par quelque fête aimable aux fatigues rustiques
Encourageaient ce peuple, et lui rendaient plus doux
Les pénibles labeurs qu'il dévore pour nous ;
Mais pourvu que les fruits de son humble héritage
Du trône et de l'autel grossissent le partage,
Qu'importe qu'au travail il vive condamné !
Pour goûter le bonheur le peuple est-il donc né ?

Combien l'antiquité, politique plus sage,
Du suprême pouvoir fit un plus noble usage !
Pour mieux enchaîner l'homme à ses champs paternels,

Par un culte riant, par des jeux solennels,
Elle eut soin d'embellir le cercle de l'année.
Près des eaux, sous un bois, de festons couronnée,
La foule des colons chantait les immortels,
Et trouvait le plaisir jusqu'aux pieds des autels.
La danse, les concerts, un aimable tumulte,
Les jeux, le tendre amour se mêlaient à ce culte :
L'homme, alors ranimé par des jours de repos,
En aimait plus ses bois, ses champs et ses troupeaux.

Voyez Rome agricole, et cependant guerrière.
Avant que le Cancer, au bout de sa carrière,
Lui donnât en fuyant le signal des moissons,
Aux sons du chalumeau mariés aux chansons,
Elle ouvrait pour son peuple une fête champêtre.
Le vorace animal, que le chêne voit paître,
Autour des blés, trois fois en pompe promené,
De folâtres danseurs marchait environné.
Sur l'autel de Cérès serpentait en guirlandes
Le feuillage du chêne ; et de douces offrandes,
Du miel, du vin, du lait, ensemble confondus,
Exhalaient leurs parfums à longs flots répandus.
La victime expirait. Sous la verte feuillée
La nuit parmi les jeux retrouvait l'assemblée ;

Et, quand le roi du jour lançait de nouveaux traits,
Ils couraient plus joyeux moissonner leurs guérets.

Pour nous, à qui les Mois plus lentement préparent
Les ondoyans trésors dont nos rives se parent,
Avant que du Lion s'irritent les chaleurs,
Dépouillons de son miel le peuple amant des fleurs.

Mais gardons d'imiter ce maître inexorable,
Qui, dans l'ombre des nuits aux crimes favorable,
Enflamme sous la ruche un bûcher sulfureux.
Le repos, le sommeil, sur cet asile heureux
Régnait ; et tout à coup la vapeur dévorante
S'élève à flots pressés dans la ruche odorante,
S'élargit, et, frappant de son venin jaloux
L'abeille accoutumée à des parfums plus doux,
Arrache à leurs palais et le peuple et la reine,
Déjà mourans d'ivresse et couchés sur l'arène.

C'en est trop ; et s'il faut que les cruels humains
Signalent par le sang le pouvoir de leurs mains,
Aujourd'hui, vers les bords où l'Europe commence,
Le commerce leur ouvre une carrière immense.
Qu'ils volent, à travers une mer de glaçons,

Combattre et déchirer les monstrueux poissons
Que l'océan du nord voit bondir sur son onde.

Ces monstres, relégués aux limites du monde,
A peine ont découvert à l'œil des matelots
La masse de leurs corps allongés sur les flots,
Que, s'élançant vers eux sur un bateau fragile,
L'intrépide nocher vogue d'un cours agile,
Se place sur la poupe, et, d'un bras assuré,
Au monstre plus voisin pousse un dard acéré.
Le féroce animal, que la rage transporte,
Pousse un long meuglement; il s'échappe, il emporte
Avec lui sous les flots le trait qui l'a percé :
L'onde fume du sang de la plaie élancé.

En vain, pour échapper au fer qui le tourmente,
Il remonte à grand bruit sur la vague écumante ;
En vain, pour respirer, par ses doubles évents,
Il vomit l'onde amère et repousse les vents ;
La baleine, et de force et de sang épuisée,
Livre à ses ennemis une conquête aisée.
Les barbares, en foule autour d'elle assemblés,
Lui déchirent les flancs de harpons redoublés.
Elle meurt. Acharnés sur ce monstre sauvage,

Par des chaînes de fer on le traîne au rivage :
Tout mort qu'il est, sa vue inspire encor l'horreur.
Tel était ce Python qui, gonflé de fureur,
Roulait son vaste corps dans la fange croupie,
Quand l'onde vengeresse eut noyé l'homme impie.

Vous, cependant, nochers, dont ces reines des eaux
Ont d'une proie immense enrichi les vaisseaux,
Revenez, hâtez-vous ; craignez que la gelée
Ne hérisse la mer de glace amoncelée.
Le Midi vous rappelle : il attend que vos mâts
Lui portent les trésors des sauvages climats.
Mais ces fanons grossiers, qui retiendraient captive
Et l'aimable jeunesse et l'enfance plaintive,
Ah ! rendez à la mer ce butin malheureux :
Nous n'avons su que trop, par un art désastreux,
En former des prisons où notre extravagance
D'une taille naissante enchaînait l'élégance.
Barbares ennemis de nos propres enfans,
Ainsi nous attristions l'aurore de leurs ans.
Pouvaient-ils déployer dans leurs dures entraves
Cette aimable gaîté qui fuit loin des esclaves ;
Insensés ! nous pensions leur prêter des appas ;
Et, pour les embellir, nous hâtions leur trépas.

Enfin Rousseau parut. Il vit la tendre enfance
Malheureuse, opprimée; il en prit la défense :
A son antique chaîne il l'arrache à jamais.
Enfans, rendez-lui grâce; et vous, qui désormais
Verrez en liberté vos jeunes charmes croître,
Belles, pardonnez-lui si, trop sage peut-être,
Il borna votre gloire, et d'une austère main
De la célébrité vous ferma le chemin.
Cent exemples fameux, répétés d'âge en âge,
Vous servent contre lui d'éloquent témoignage.
Eh! quels arts par vos mains ne furent embellis?
Quels lauriers, quels honneurs n'avez-vous point cueillis!
La valeur même encore ajoute à vos conquêtes,
Et Mars a pour Vénus des palmes toujours prêtes.
Oui, j'en atteste ici tout l'empire français;
Beauvais, Beauvais surtout sauvé par vos succès.
Muse, qui des héros éternisez l'histoire,
Viens, et monte ma voix au ton de la victoire.

Louis régnait. Vassal infidèle à son roi,
Charles, dont le nom seul réveille encor l'effroi,
De Beauvais investi foudroyait les murailles.
A ses fiers Bourguignons nourris dans les batailles,
Vers les remparts fumans, déjà l'échelle en main,

Sur les morts entassés Charle ouvrait un chemin.
Le peuple et le soldat, tout fuyait. Une femme
S'élance, et d'une voix que la colère enflamme :
« N'avez-vous plus de roi? N'avez-vous plus d'enfans,
« Lâches? Eh bien! fuyez : seule, je les défends. »
Hachette, c'est le nom de la jeune héroïne,
Dit et marche. A sa voix une chaleur divine
Ranime tous les cœurs ; mais trois fois ramenés,
Trois fois les citoyens reculent consternés.

Et dans le même instant, aux yeux de la guerrière,
Des femmes, qui d'un temple ont franchi la barrière,
Cachent dans les tombeaux, cachent sous les autels
Leurs fils qui s'attachaient à leurs bras maternels :
« Quoi! vous pouvez combattre, et vous versez des larmes!
« Laissez à vos maris la peur et les alarmes!
« Marchons; et, les forçant à rougir devant nous,
« Soyez hommes pour eux, s'ils sont femmes pour vous. »
Lorsque dans les forêts une meute aboyante,
De la trompe et du cor entend la voix bruyante,
Rapide elle s'élance, et, s'élevant par bonds,
Du cerf épouvanté suit les pas vagabonds ;
Tel d'audace brûlant vole un sexe timide :
Il marche aux ennemis en colonne intrépide,

Et, la pique à la main, Hachette le conduit.
Du nouveau bataillon le spectacle et le bruit
Ebranlent l'assaillant : il recule, il s'étonne.

Planté sur un créneau, d'où le salpêtre sonne,
Dans la soie et l'azur de ses replis mouvans,
L'étendard de Bourgogne emprisonnait les vents.
Charles, déjà vainqueur, le couvrait de sa lance :
Hachette voit l'enseigne ; elle vole ; s'élance,
Du prince cuirassé brave et trompe le dard ;
Le bras de l'amazone enlève l'étendard.
Privé de tous les siens, dont il pleure la chute,
Charles seul, sans épée, à tous les traits en butte,
Charles fuit ; et les murs, à jamais raffermis,
Reposent triomphans sous l'ombrage des lis.

D'Hachette et de son nom garde bien la mémoire,
France! et si dans Beauvais, encor plein de sa gloire,
Moi qui, jeune aux autels formant un doux lien,
Viens à ce nom sacré d'associer le mien,
Oh ! si je porte un jour mon filial hommage,
Entretiens-moi d'Hachette, offre-moi son image,
Que j'y puisse attacher mon œil religieux,
Et couronner de fleurs ce front victorieux !

Quelles fleurs toutefois offrir à sa statue,
Aujourd'hui que, pleurant sa vigueur abattue,
La terre voit régner aux célestes lambris
Le lion de Némée et le chien de Procris?
Ministres de l'Été, leur souffle décolore
L'émail qu'en nos jardins le printemps fit éclore.
Sur ses bras tortueux, languissamment penché,
Le triste chèvre-feuille expire desséché;
Le pavot à ses pieds voit tomber sa couronne;
Le panache azuré, dont l'iris s'environne,
Effeuillé par les vents, flotte dans les bosquets;
Le lilas tout honteux cherche en vain ses bouquets;
De l'amoureux pastour la parure est flétrie;
Le gazon pâlissant languit dans la prairie;
Et jusqu'au fond des bois les chênes, les ormeaux
D'un feuillage moins vert ont bruni leurs rameaux.

Sous les feux que vomit l'ardente canicule,
Le fleuve resserré plus lentement circule.
O surprise! à l'aspect d'un si faible ruisseau
Le voyageur s'arrête, et le croit au berceau.
Son œil demande en vain aux canaux solitaires
Ces mouvantes forêts, ces barques tributaires,
Qui, voguant aux cités, leur portaient tour à tour

Et les trésors d'Olinde et les fruits d'alentour.
Ces magasins flottans des régions fertiles
Sur l'arène des ports languissent inutiles ;
Et, près d'eux, le nocher, à regret spectateur,
De l'onde paresseuse accuse la lenteur.
La campagne brûlante, et poudreuse et déserte,
Offre de toutes parts sa surface entr'ouverte.
L'homme le plus robuste a perdu sa vigueur ;
Le génie épuisé s'endort dans la langueur,
Et les enfans du Pinde, à chanter inhabiles,
Sentent leur lyre d'or fuir de leurs mains débiles.

Mais, que dis-je ! Ah ! je puis, aux traits brûlans du jour,
Opposer des forêts le paisible séjour.
Jardins majestueux qu'a plantés la nature,
Et dont l'antique honneur rajeunit sans culture,
O forêts ! ouvrez-moi vos sentiers tournoyans ;
Courbez-vous sur ma tête en dômes verdoyans :
Plongé sous votre ombrage aux sources du délire,
Je vais encor, je vais faire entendre ma lyre.

Ciel ! sous leurs pavillons j'entre à peine ; et dans moi
Leur ténébreux lointain imprime un saint effroi :
Dans ce désert muet lentement je m'avance,

Et je crois habiter le palais du silence.
Qu'aisément aujourd'hui je pardonne à l'erreur,
Qui, frappant nos yeux d'une secrète horreur,
Pour eux, changeait les bois en vénérable enceinte,
Que les dieux remplissaient de leur majesté sainte !

Eh ! n'éprouvons-nous point, sous ces portiques verts,
Qu'on croit sentir la main qui régit l'univers ?
Que nos jeunes pensers en raisons se transforment,
Et que nos passions se taisent et s'endorment ?

Le seul amour y veille. Oui, c'est dans les forêts
Qu'à notre âme attentive il parle de plus près.
C'est là que dans le sein d'une belle ingénue
Un trouble intéressant par degrés s'insinue ;
Que son œil affaibli craint les rayons du jour,
Et que sa voix expire en longs soupirs d'amour.

Vous, esclaves flétris et des cours et des villes,
Qui prodiguez votre âme à des maîtresses viles,
Vous croyez être amans ? Non, vous ne l'êtes pas.
Des palais où Phryné vous vendit ses appas,
Le véritable amour et s'indigne et s'exile ;
Enfant de la nature, il en cherche l'asile.

L'Amour aime des bois les dédales épais,
S'enfonce dans leur ombre, et s'y nourrit en paix.

Dans les forêts encor, les rois de l'harmonie,
Assis ou vagabons, retrouvent le génie.
Là, s'égarait Orphée, en modulant ces airs
Par qui fut attendri le rocher des déserts ;
Là, d'Achille et d'Hector le chantre vénérable,
Ainsi que leurs exploits, rendit son nom durable ;
Là, prenant tour à tour la lyre et les pipeaux,
Virgile célébrait les rois et les troupeaux.

Aimables enchanteurs, nos guides et nos maîtres,
Jadis je ne pouvais, comme vous, sous des hêtres,
Tromper la canicule et défier ses traits.
Malgré moi-même, hélas ! exilé des forêts,
Malgré moi, je vivais enchaîné dans les villes :
J'y voyais le démon des discordes civiles,
Dans le palais des rois, triompher impuni,
Et toujours aux vertus le malheur réuni.
Souvent je m'écriais : « O ciel ! quand la fortune
« Voudra-t-elle adoucir sa rigueur importune ?
« Ah ! si je puis trouver un terme à ses refus,
« Vous me verrez alors sous vos dômes touffus,

POEME.

« Verdoyantes forêts ! Et vous, claires fontaines,
« Qui coupez en fuyant leurs routes incertaines,
« Sur vos gazons mousseux j'irai me reposer !
« Les amours et leur sœur m'y viendront courtiser.
« D'un long et doux sommeil j'y goûterai l'ivresse ;
« Et lorsque, m'arrachant à sa molle paresse,
« Je voudrai des saisons célébrer les bienfaits,
« Ou chanter des héros l'audace et les hauts faits,
« Je n'y trouverai point les Muses indociles,
« Et mes vers couleront plus doux et plus faciles. »

Ainsi, d'un doux repos mes désirs envieux
Chaque jour sans relâche importunaient les dieux ;
Mais l'oreille des dieux, obstinément fermée,
Laissait mes vœux perdus s'exhaler en fumée :
Hélas ! déjà pour moi n'existaient plus les champs.

Le ciel m'exauce enfin. Noble appui de mes chants,
L'ami du laboureur et des fils d'Uranie
Au calme des forêts a rendu mon génie ;
Sa main vient de m'ouvrir les routes du bonheur.
Oh ! si je puis un jour y rencontrer l'honneur,
Si je puis mériter que le Pinde m'avoue
Et m'orne des lauriers du chantre de Mantoue,

J'irai, tout rayonnant d'une noble fierté,
Les offrir à l'auteur de ma félicité;
Et, lui montrant l'Envie à ses pieds étouffée,
A sa vertu modeste ériger un trophée.

CHANT SIXIÈME.

—

AOUT.

Il renaît triomphant le mois où nos guérets
Perdent les blonds épis dont les orna Cérès ;
Il fait reluire aux yeux de la terre étonnée
Les plus belles des nuits que dispense l'année.
Que leur empire est frais ! qu'il est doux ! qu'il est pur !
Qui jamais vit au ciel un plus riant azur ?
Pour inviter ma muse à prolonger sa veille,
Il étale à mes yeux merveille sur merveille.

A peine est rallumé le flambeau de Vénus,
Qu'en foule, à ce signal, les astres revenus
Apportent à la nuit leur tribut de lumière :
L'amoureuse Phébé s'avance la première,
Et, le front rayonnant d'une douce clarté,
Dévoile avec lenteur son croissant argenté.

Ah! sans les pâles feux que son disque nous lance,
L'homme, errant dans la nuit, en fuirait le silence;
Et, tel qu'un jeune enfant que poursuit la terreur,
Faible, il croirait marcher environné d'horreur.
Viens donc d'un jour à l'autre embrasser l'intervalle,
O lune! ô du soleil la sœur et la rivale!
Et que tes rais d'argent, par l'onde réfléchis,
Se prolongent en paix sur les coteaux blanchis.

Je veux à ta clarté, je veux franchir l'espace
Où se durcit la grêle, où la neige s'entasse;
Où le rapide éclair serpente en longs sillons;
Où les noirs ouragans, poussés en tourbillons,
Font siffler et mugir leurs voix tempétueuses;
D'où s'échappe la foudre en flèches tortueuses :
J'oserai plus. Je veux par delà tous les cieux,
Je veux encor pousser mon vol ambitieux,
Traverser les déserts où, pâle et taciturne,
Se roule pesamment l'astre du vieux Saturne;
Voir même au loin sous moi dans la vague nager
De la comète en feu le globe passager;
Ne m'arrêter qu'aux bords de cet abîme immense
Où finit la nature, où le néant commence;
Et de cette hauteur, dominant l'univers,

Poursuivre dans leurs cours tous ces orbes divers,
Ces mondes, ces soleils, flambeaux de l'empirée,
Dont la reine des nuits se promène entourée.

J'arrive. De clartés quel amas fastueux !
Quels fleuves, quels torrens, quels océans de feux !
Mon âme, à leur aspect, muette et confondue,
Se plongeant dans l'extase, y demeure perdue.
Et voilà le succès qu'attendait mon orgueil :
Insensé ! Je croyais embrasser d'un coup d'œil
Ces déserts où Newton, sur l'aile du Génie,
Planait, tenant en main le compas d'Uranie ;
Je voulais révéler quels sublimes accords
Promènent dans l'éther tous les célestes corps ;
Et devant eux s'abîme et s'éteint ma pensée !

Toi, l'orgueil d'Albion, toi par qui fut tracée
L'éternelle carrière où, de feu couronnés,
Roulent ces rois des airs l'un par l'autre entraînés,
Newton, placé si loin de la faiblesse humaine,
Toi seul as pu des cieux sonder tout le domaine !
Par de folles erreurs les mortels avant toi
Avaient de l'univers défiguré la loi.
Tu parais ; et soudain tous les cieux t'appartiennent ;

Les mondes, à ta voix, s'éloignent et reviennent,
Vers un centre commun sans relâche emportés,
De ce centre commun sans relâche écartés.

Que ton système est vaste et simple tout ensemble !
Ta haute intelligence y combine, y rassemble
Tout ce que l'empirée étale de grandeurs ;
Lui, qui n'était jadis qu'un chaos de splendeurs,
Est maintenant semblable à ces sages royaumes
Où suffit une loi pour régir tous les hommes ;
L'attraction : voilà la loi de l'univers.
Ces globes voyageurs, dans leurs détours divers,
Sans jamais se heurter, se traversent sans cesse ;
A tes savans calculs tu soumis leur vitesse :
L'âge a scellé ta gloire, et les siècles nouveaux
Attesteront encor l'honneur de tes travaux.
Triomphe de génie et de paix, il efface
Tous ceux qui de la terre ont désolé la face.

Eh ! que sont près de toi les plus fiers conquérans ?
Si leur course imita le fracas des torrens,
Ils s'écoulent de même ; et, morts il ne leur reste
Qu'un vain tombeau chargé d'un nom que l'on déteste.
Qu'ont-ils fait d'étonnant, ces ravageurs fameux ?

Ce que d'autres encor peuvent faire comme eux.
Le premier roi brigand, dont l'inquiète rage
Voudra se décorer du beau nom de courage,
Va marcher en héros, par cent exploits divers,
Sur ce globe perdu dans le vaste univers :
Mais Newton règne seul sur des globes sans nombre.
Oui : ces feux que la nuit voit briller dans son ombre
Sont autant de témoins qui parlent à nos yeux
Du sage devant qui s'ouvrirent tous les cieux.
Astres, qui si souvent éclairâtes ses veilles !
Si je n'ai pu le suivre et sonder vos merveilles,
Mon œil ravi du moins vous contemple, et je sais
Bénir les douces nuits que vous embellissez.

Heureux qui peut alors errer dans les campagnes !
Heureux qui peut gravir au sommet des montagnes !
Et là, nonchalamment sur la verdure assis,
Dans un calme profond endormir ses soucis,
Respirer des jardins le baume salutaire,
De l'œil suivre un ruisseau qui roule solitaire,
S'enivrer de fraîcheur, et, sans prévoir le jour,
Abandonner son âme à des pensers d'amour !

Mais quelle voix lugubre, affreuse, épouvantable,

Interrompt mes concerts d'un long cri lamentable !
Aux rayons que Phébé lance à travers ce bois,
D'un regard inquiet j'observe.... ô dieux ! je vois,
Se traînant dans la nuit, une ombre gémissante.
Ses cheveux sont épars ; de sa main défaillante
Un sceptre d'or brisé tombe souillé de sang :
Les poignards sont encore enfoncés dans son flanc.
D'une profonde horreur je frémis, je m'écrie :
« Quels monstres ont sur vous épuisé leur furie?
« Confiez à mon cœur vos destins désastreux. »
A ces mots, elle pousse un soupir douloureux,
Et, l'œil sur moi fixé, de plus près elle avance ;
Puis, s'arrêtant : « Eh bien ! reconnais-tu la France?
« Mon fils. Voici la nuit où, d'un glaive assassin,
« Le bras du fanatisme a déchiré mon sein :
« De cette nuit de sang dis l'horrible aventure ;
« Dénonces-en le crime à la race future ;
« Que des temples sacrés le sonore métal
« Du meurtre dans Paris répande le signal :
« Peins le vieux Coligni, qui, ferme, inaltérable,
« Laisse sous le couteau sa tête vénérable ;
« Couvre encor les chemins de ses membres épars :
« De longs ruisseaux de sang inonde les remparts ;
« Que l'on entende encor les clameurs fanatiques

« De meurtriers courans dans les places publiques ;
« Qu'ils attestent leur roi ; que le nom de leur dieu,
« Comme un arrêt de mort retentisse en tout lieu :
« Montre, en foule égorgés dans cette nuit infame,
« Le père par son fils, le mari par sa femme,
« Les enfans assassins des enfans au berceau,
« Les passages fermés par les corps en monceau ;
« Enfin, le roi lui-même, au printemps de son âge,
« Comme un vil scélérat se mêlant au carnage,
« Et du haut de son Louvre écrasant les proscrits,
« Qui, lui tendant les mains, l'imploraient à grands cris. »

L'ombre auguste à ces mots se perd dans les ténèbres.
Et moi, plein de l'horreur de ces scènes funèbres,
Croyant des assassins ouïr encor la voix,
Je fuis épouvanté la retraite des bois ;
Je fuis : je ne veux point du récit de nos crimes
Attrister mon pays, déshonorer mes rimes.
Que plutôt dans le sein d'un éternel oubli
Ce honteux souvenir périsse enseveli ;
Qu'il succède à nos pleurs une touchante ivresse :
La fête de mon roi commande l'allégresse.

J'entends déjà, j'entends par cent bouches d'airain,

Les remparts des cités bénir leur souverain.
Le Louvre à ce signal élargit ses portiques ;
La foule les inonde, et ses voûtes antiques,
Echos de notre amour pour le sang des Bourbons,
Se répondant sans cesse, en répètent les noms.
Voyez les arts, assis sur les marches du trône,
Solenniser ce jour, et leur noble couronne
Descendre sur le front des poëtes naissans ;
La nerveuse éloquence aux rapides accens
Prêter sa noble audace à la timide histoire,
Et de nos demi-dieux ressusciter la gloire.

Où suis-je transporté ? Quel magique pouvoir
Dans une étroite enceinte à mes yeux fait mouvoir
Les cieux, la terre, l'onde, et tout leur vaste ensemble ?
Je reconnois l'asile où le pinceau rassemble
Tout ce qu'il a créé de chefs-d'œuvre nouveaux.
Là, les marbres encor, de la toile rivaux,
De nos fameux Français éternisant l'image,
Au nom de la patrie acquittent son hommage.
Citoyens d'Albion ne nous reprochez plus
Que d'un ingrat oubli nous payons les vertus !
D'Angiviller, enfin, marque leur récompense,
Digne un jour d'avoir part aux honneurs qu'il dispense.

POEME.

Sous les lambris des rois, c'en est fait, mes regards
Ont assez admiré les prestiges des arts.
Je vais, de la nature observateur fidèle,
Je vais dans le hameau retrouver leur modèle.
Vers le ruisseau qui fuit en un bocage frais,
La nymphe, dont l'Eté décolore les traits,
Légèrement s'avance, et d'un bain solitaire
Promet à ses appas la fraîcheur salutaire.
Pour elle, quel plaisir quand les flots argentés
D'une humide ceinture embrassent ses beautés !
Quand seule, et se croyant loin de tout œil profane,
Elle folâtre en paix dans l'onde diaphane !

Un jour, il m'en souvient, un jour qu'à l'Orient
L'Aurore dévoilait son visage riant,
Sous la voûte d'un bois que la Dordogne arrose,
Je vis, caché dans l'ombre, entrer la jeune Rose.
Sur son front reluisait ce coloris vermeil
Dont brille la jeunesse après un doux sommeil :
Aimable sans apprêts, belle sans imposture,
Rose semblait sortir des mains de la nature.

La bouche et l'œil ouverts, sur sa trace, Lozou
D'un pied silencieux effleurait le gazon :

Le bruit le plus léger l'agite, le tourmente ;
Il craint à chaque pas que l'œil de son amante,
Derrière elle appelé par les zéphyrs jaloux,
Ne s'arme à son aspect des regards du courroux.
A sa témérité le hasard fut propice.
Sur les naissantes fleurs dont le bord se tapisse
Rose a déjà posé le voile de son sein.
O Rose, quel danger ! D'un amoureux larcin
Le coupable Lozon médite la pensée.
Arrête, ô fol amant ! crains que Rose offensée,
Forte de sa vertu, ne trompe tes désirs,
Et que pour toi l'amour n'ait jamais de plaisirs.

Du véritable amour le compagnon fidelle,
Le respect cependant le captive loin d'elle,
Bientôt même, honteux de sa coupable ardeur :
« Ah ! je saurai, dit-il, respecter sa pudeur ;
« Je le veux, je le dois. » A ces mots, en silence
Il fuit ; et dans les flots déjà Rose s'élance.
Le fleuve, enorgueilli de baigner tant d'attraits,
Les couvre en bouillonnant de ses humides rets,
Ajoute à leur blancheur, et la rend plus piquante.
Ainsi brille, à travers la vague transparente,
Cette fleur, dont le Nil voit les boutons éclos,

Tristes durant la nuit se plonger dans les flots,
Et, frémissant de joie au retour de l'aurore,
Du fleuve par degrés sortir plus frais encore.

Auprès d'un saule antique, au dessous du bassin
Où la vague a reçu la nymphe dans son sein,
Lozon s'est arrêté. Sur l'onde fugitive
Il fixe en soupirant une vue attentive :
« O toi ! qui, repliée en sinueux détours,
« Du corps charmant de Rose as baigné les contours,
« Onde heureuse! ah! du moins, en quittant ma maitresse,
« Que chacun de tes flots autour de moi se presse :
« Mon corps, impatient de s'en voir caresser,
« Au fond de ton canal brûle de s'élancer. »
D'importuns vêtemens soudain il se dégage,
Se précipite au fleuve, et l'ouvrant à la nage :
« Oh! si j'osais, dit-il, dans les flots me cacher,
« Et lentement vers Rose en silence approcher!
« Sans blesser ta pudeur, sans lui coûter des larmes,
« Rose, mon œil furtif dévorerait tes charmes ! »

Tandis qu'en ses pensers Lozon flotte incertain,
L'air, brillant à ses yeux des rayons du matin,
Derrière se noircit et prépare un orage

Que voile aux deux amans le bois qui les ombrage.
Le vent se tait : il dort dans un calme trompeur.
Il laisse lentement se former la vapeur
Que l'ardent souverain des plaines lumineuses
Enlève, en la pompant, aux couches caverneuses,
Où sommeille le soufre, où reposent en paix
Et le nitre subtil et le bitume épais.
A l'aspect du péril, la colombe fidelle
Dans le creux des rochers fuit avec l'hirondelle ;
La corneille, en criant, plane sur leur hauteur :
Le fier taureau frissonne, et le cultivateur,
Tremblant pour les épis où son espoir se fonde,
Cherche l'abri voûté d'une grotte profonde.

Mais des froids aquilons et des brûlans autans
S'élancent tout à coup les escadrons flottans ;
De leurs fougueux combats les airs au loin mugissent ;
Les fleuves dans leur lit écument et rugissent,
Et la forêt en pousse un long bruissement.
A ce fracas soudain, dieux ! quel saisissement
Fait pâlir de Lozon l'innocente maîtresse !
Le corps tout chancelant sous l'effroi qui l'oppresse,
Pour regagner la rive, elle marche ; l'éclair
La couvre de ses feux trois fois croisés dans l'air :

La foudre suit de près, roule, gronde, et, fumante,
En éclats sulphureux tombe aux pieds de l'amante.
Rose pousse un long cri : glacé par la terreur,
Son corps roule emporté par la vague en fureur.

Lozon entend ce cri, s'élance sur la rive ;
Couvert d'un simple lin il accourt, il arrive
Au bassin qui de Rose enfermait les appas :
Ciel ! aux yeux de Lozon Rose ne s'offre pas.
O tonnerre, dit-il, tu l'as donc dévorée !
Et les bras abattus, et la vue égarée,
Sur le bord, à ces mots, sans force, sans couleur,
Lozon reste immobile et muet de douleur ;
Il n'a plus qu'à mourir. Mais, d'écume investie,
Rose, au dessus des eaux qui l'avaient engloutie,
Remonte, oppose au fleuve et ses pieds et ses mains,
S'épuise, et de nouveau cède aux flots inhumains.
Lozon à son secours vole au travers de l'onde ;
Il brava, audacieux, et la foudre qui gronde,
Et la grêle qui tombe en globules bruyans,
Et le fleuve qui s'ouvre en gouffres tournoyans.

O toi, qui dans son cœur as versé ce courage,
Fais qu'il triomphe, Amour ! Victime de l'orage,

Rose disparaissait, lorsque d'un bras nerveux
Lozon la saisissant par ses flottans cheveux,
Avec de longs efforts au rivage l'entraîne,
Et des ondes vainqueur touche enfin à l'arène ;
Il cherche un roc voisin. Autour d'eux cependant
L'éclair fond plus rapide, et brille plus ardent ;
Le tonnerre plus fort brise le flanc des nues ;
Il darde sa fureur aux montagnes chenues :
De leurs fronts sourcilleux, qu'il frappe à coups pressés,
Fait voler en éclats les rochers fracassés ;
Dans le creux du vallon avec eux roule et plonge,
Et, courant jusqu'aux bords où la forêt s'allonge,
Allume au milieu d'elle un vaste embrasement.

Par les vents attisé le fougueux élément
Dévore dans sa course, ainsi qu'un faible arbuste,
Le chêne, et du cormier la vieillesse robuste,
Le châtaignier couvert de globes épineux ;
Et le saule aquatique et le pin résineux.
Ce n'est plus cet asile où, couronné d'ombrages,
Le pasteur de l'Eté défiait les outrages ;
Où l'oiseau, voltigeant de buissons en buissons,
Lui payait le tribut de ses douces chansons :
C'est une vaste mer qui bouillonne enflammée,

Vomit en tourbillons les feux et la fumée ;
Où mille sangliers furieux, écumans,
Courent et font ouïr d'horribles hurlemens ;
Où, sur Lozon enfin et sur Rose expirante,
Voltige et s'élargit la flamme dévorante.
Ah ! couple malheureux ! où fuir ? où te cacher ?
Il n'est auprès de toi ni grotte, ni rocher ;
Et l'implacable Mort va frapper ta jeunesse.

Mais non : qu'en votre cœur un doux espoir renaisse.
La tempête, du sein des nuages errans,
Sur la forêt en feu vomit l'eau par torrens.
Déjà de toutes parts, dans les flots engourdie,
Murmure la fureur du rapide incendie.
Le déluge redouble, et le feu disparait :
Et l'orbe du soleil, que l'orage entourait,
Du voile ténébreux par degrés se dégage.
De la sérénité rayonne enfin le gage ;
C'est l'écharpe d'Iris : dans l'air resplendissant,
Ses longs plis déroulés se voûtent en croissant.

L'éclat dont ses couleurs ont vêtu la campagne
Rassure de Lozon la tremblante compagne.
Que dis-je ? un autre effroi l'agite en ce moment.

Sans aucun voile, hélas! livrée à son amant,
De ses pudiques mains elle couvre ses charmes,
Rougit, ferme les yeux, et, les trempant de larmes :
« De mes jours conservés je te dois le bonheur ;
« Ajoute à tes bienfaits en me laissant l'honneur,
« Lozon ; sois généreux : un jour viendra peut-être,
« Où Rose, sans remords, pourra les reconnaître. »

Elle dit, et Lozon vaincu par la pudeur,
De ses feux à regret étouffe encor l'ardeur,
Il sort. Rose après lui recouvre sur la plage
Ses voiles, et tous deux sont rentrés au village.
La flamme a respecté le fruit de leurs guérets ;
Armés du fer tranchant que recourba Cérès,
Quand la prochaine aurore éveillera la terre
Aux épis déjà mûrs ils porteront la guerre.

Le jour meurt ; il renaît. La faucille à la main,
Et d'agrestes chansons égayant leur chemin,
Les moissonneurs en foule avancent vers la plaine.
L'épi, qu'un doux zéphir au gré de son haleine
Courbe, roule, relève et courbe et roule encor,
Promet à leurs travaux sa chevelure d'or.
Ce salaire promis enflamme leur courage,

Et chacun tout entier s'abandonne à l'ouvrage.
A l'envi l'un de l'autre ils frappent les épis :
La faucille à leurs pieds les étale en tapis.
Sous le glaive français, ainsi de l'Angleterre
Les escadrons vaincus vont mesurer la terre,
Alors que, réveillant nos antiques débats,
Leur jalouse valeur nous appelle aux combats.

Le moissonneur poursuit. De son premier asile,
Avec des cris aigus, l'alouette s'exile ;
La tremblante perdrix fuit avec ses enfans ;
Et du chien tant de fois les lièvres triomphans,
Surpris dans le sillon que leur nombre ravage,
Reçoivent de nos mains la mort ou l'esclavage.

Cependant les épis, au soleil étalés,
Sont par des nœuds de saule en javelle assemblés.
Riche, voici le jour qu'attendait l'indigence !
Oserais-tu blâmer l'heureuse négligence
Qui fait tomber des mains du peuple moissonneur
Les épis destinés à nourrir le glaneur ?
Il est pauvre ; il a droit aux trésors de tes plaines.

Quoi ! de monceaux de blé tes granges seront pleines !

Du sol de vingt hameaux que ton faste a détruits,
Toi seul, vil parvenu, tu dévores les fruits !
Et quand ce malheureux, qu'afflige et désespère
Le nom jadis si cher et d'époux et de père,
Vient, timide glaneur, dans ton champ moissonné
Recueillir de tes grains le reste abandonné,
De ce reste par toi sa misère est frustrée !

Ah ! dans ce même champ dont tu fermes l'entrée,
Vois ces flots de fourmis ardens à conquérir
Leur part de ce trésor que l'Eté fait mûrir ;
Contemple-les, barbare : et leur troupe fidèle
De la douce pitié va t'offrir le modèle.

Quelquefois l'un d'entre eux, vaincu du poids des grains
Qu'il traîne en haletant aux greniers souterrains,
Tombe, et, tout épuisé de force et de constance,
De ses concitoyens réclame l'assistance.
Celui qui le premier voit cet infortuné
Dans le sillon poudreux sans force abandonné,
Lui va porter soudain l'appui qu'il sollicite,
Le ranime, et bientôt l'un et l'autre s'excite
A marcher, à traîner, par un commun effort,
Cet immense fardeau pour chacun d'eux trop fort.

C'est par de tels bienfaits versés sur l'indigence
Que, méritant des dieux la facile indulgence,
Le riche en obtiendra la douce paix du cœur.
Dans les champs dont son or l'a rendu possesseur;
Tranquille, il goûtera l'allégresse unanime
Que la fin des moissons au village ranime.

Du froment enchaîné déjà tous les faisceaux,
Par ordre, sur un char, s'élèvent en monceaux.
Au plus haut de ce char, sur ces monceaux de gerbes
Qui lui forment un lit de leurs touffes superbes,
Monte et s'assied Almon, le chef des moissonneurs :
A ce comble envié des champêtres honneurs,
Les respects de la foule ont porté sa vieillesse.
La gaîté sur son front s'unit à la noblesse ;
Et sa tête à longs flots verse de blancs cheveux,
Qui mollement épars battent son cou nerveux :
Roi des champs, sa couronne est un léger feuillage.

Au son du chalumeau, les belles du village
Viennent au char rustique atteler, en dansant,
De taureaux asservis un couple mugissant :
D'un pas tranquille, égal, vers la ferme ils s'avancent,
Et tous les moissonneurs par groupes les devancent,

Ils marchent en triomphe. Ainsi Rome autrefois,
Sur un char tout couvert des dépouilles des rois,
Accueillait le héros de qui l'heureuse audace
Revenait triomphante et du Parthe et du Dace.

La foule entre au hameau : le possesseur des champs
La reçoit dans sa cour au doux bruit de leurs chants,
Et, pour fêter comme eux le mois de l'abondance,
Suivi de ses enfans, il se mêle à la danse.
Son épouse l'imite et vole sur ses pas.
A la danse bientôt succède un long repas.
Là, chacun d'un vin pur rougit sa large coupe ;
Le maître, assis en père au milieu de la troupe,
Fait revivre pour eux les jours du siècle d'or,
Siècle où l'orgueil des rangs n'existait pas encor.

L'immortelle Rhéa dont la douce puissance
De cet âge enchanté nourrissait l'innocence,
Mais qui, chassée enfin par nos lâches forfaits,
Loin de nous avec elle emporta ses bienfaits,
Rhéa, du haut des cieux qu'embellit sa présence
Jette sur les hameaux un œil de complaisance,
Sourit à la concorde, et, montrant aux humains
L'épi mystérieux qui brille dans ses mains,

POEME.

Annonce que les airs, sur leur voûte enflammée,
N'entendront plus rugir le lion de Némée ;
Que dans ses premiers fers son vainqueur l'a remis,
Et qu'un nouveau printemps à la terre est promis.

Le sang des végétaux qui, sous la canicule,
De leur tête à leurs pieds trop rapide circule,
Depuis trente soleils oubliait de nourrir
L'arbre que le Bélier avait vu refleurir.
La feuille jaunissante, et de soif épuisée,
Vainement, dans la nuit, s'abreuvait de rosée.
L'aube vers l'Orient à peine renaissait,
Que, plus aride encor, la feuille languissait ;
Mais aujourd'hui qu'enfin la chaleur amortie
Laisse couler en paix la sève ralentie,
De ce suc nourricier pénétré lentement,
L'arbre de ses rameaux rajeunit l'ornement.
Le sauvage arbousier pompeusement étale
Sur ses bras reverdis la pourpre orientale ;
L'ananas épaissit son feuillage étranger ;
Un parfum plus suave embaume l'oranger ;
Du rosier épineux la tige printanière
S'ouvre, et laisse échapper sa feuille prisonnière ;
La pelouse renaît et borde le ruisseau ;

Des guirlandes de fleurs courent sur l'arbrisseau
Qu'envoya sur nos bords la froide Sybérie ;
L'albâtre a couronné le jasmin d'Ibérie,
Et l'humble violette, au pistil brillant d'or,
Croit revoir le Printemps, et refleurit encor.
Mais surtout de Bacchus le tortueux arbuste
Environne l'ormeau d'un cercle plus robuste ;
Et, prolongeant ses bras jusqu'au berceau voisin,
Sous un dôme de pampre y cache le raisin.

Cependant aux plaisirs de ces fêtes rustiques,
Où chacun de Cérès entonnait les cantiques,
Succèdent maintenant de pénibles travaux.
Sur l'épaisseur d'un lit formé d'épis nouveaux
Le bruyant fléau tombe et retombe en cadence ;
Il frappe les tuyaux chargés de l'abondance,
Les écrase, et dans l'air au loin confusément
Fait voltiger la paille et jaillir le froment.
De la paille mêlée à la poussière impure,
Le froment dans le crible en tournoyant s'épure.
Des greniers de l'état emplissant le contour,
Il assure la vie aux cités d'alentour,
Ou sur l'onde emporté vers de lointains rivages
De la pâle famine y prévient les ravages.

Tu connus, ô Romain, ce monstre dévorant,
Lorsque échappé du Nord, un peuple conquérant
Embrasa tes vaisseaux, riches dépositaires
Qui t'apportaient du Nil les moissons tributaires !

Ce monstre pâle, blême, et morne en ses fureurs
Sur le peuple d'abord déploya ses horreurs.
Aux portes des palais où s'endort la mollesse,
L'indigent se traînait ; là, vaincu de faiblesse,
D'une voix presque éteinte il demandait du pain :
Et le riche endurci que menaçait la faim,
Dans le malheur commun devenu plus barbare,
Aux besoins du mourant fermait sa main avare ;
Mais lui-même, à son tour, de besoins dévoré,
Poussa des cris plaintifs dans son palais doré.

Que lui servit alors que l'Euphrate et l'Hydaspe
A l'orgueil de son luxe eussent fourni le jaspe ;
Que l'art eût lentement appris à le vêtir
D'un lin plongé trois fois dans la pourpre de Tyr ;
A façonner pour lui l'albâtre et le porphyre ;
Que dans ses bras trompeurs la vénale Delphire
Le reçut à prix d'or, et qu'il s'en crût aimé ?
Au milieu de son faste il mourait affamé.

Ce fut alors (grands dieux ! que ma chère patrie
Par de pareils forfaits ne soit jamais flétrie !)
Ce fut alors qu'on vit deux féroces amans,
L'un par l'autre étouffés dans leurs embrassemens,
A leurs propres amis servir de nourriture ;
Qu'une mère (ô fureur dont frémit la nature !)
Qu'une mère s'arma d'un poignard assassin,
Fondit à coups pressés sur le fruit de son sein,
L'égorge, le déchire, et, de sang dégouttante,
En dévore la chair encore palpitante;
Qu'un prêtre, s'enfonçant dans l'horreur des tombeaux
D'un corps rongé de vers engloutit les lambeaux
Ce fut alors enfin que l'Auzonie entière
N'offrit de toutes parts qu'un vaste cimetière,
Où du riche, du pauvre et du grand confondus,
Les cadavres gissaient l'un sur l'autre étendus.

L'AUTOMNE.

CHANT SEPTIÈME.

SEPTEMBRE.

Permets, reine des fleurs, qu'en ton riant domaine,
Pour la dernière fois, ma muse se promène.
Tu m'exauces : déjà tes parfums ravissans
Des beaux lieux que je cherche avertissent mes sens.

Lentement j'y pénètre, et ma vue enchantée
Fixe la tubéreuse à la feuille argentée ;
Que son baume est flatteur, mais qu'il est dangereux !
Ainsi toujours du sort les décrets rigoureux
Mêlent quelque amertume aux plaisirs de la terre.

Volons aux autres fleurs qui peuplent ce parterre.
Fière de ses longs jours, au zéphir inconstant,
L'amaranthe a livré son panache éclatant.
J'avance, et mes regards, de dédale en dédale,
Poursuivent les attraits de la pyramidale ;

Par étages fleuris, je la vois s'élever.
Sous le berceau voisin ne puis-je encor trouver
Et le rosier sorti des bosquets de Mélinde,
Et l'éclat de l'œillet, superbe enfant de l'Inde?
Non qu'amoureux de lui je le veuille cueillir,
Son front d'une couronne a beau s'enorgueillir,
Trop souvent ici bas l'apparence est trompeuse;
Sous les riches dehors d'une couleur pompeuse
Le perfide a caché ses esprits malfaisans.

Je puis encor prétendre à de plus doux présens.
Reine de ce bosquet, la tendre balsamine
Sur l'humble marguerite avec grâce domine.
Là, j'admire l'émail du riant tricolore;
Ici, sur le bouton je vois resplendir l'or,
Et Clythie a penché sa tête radieuse.
Oh! que de son amant l'inconstance odieuse,
Soit aux rayons du jour, soit dans l'ombre des nuits,
La nourrira long-temps d'amertume et d'ennuis!
Je conçois son chagrin. Si, trahissant ma flamme,
Zilla, comme Myrthé, pour un autre s'enflamme,
Je me connais: mes jours, flétris par la douleur,
Expireraient bientôt desséchés dans leur fleur.
Mais, non, non; dans les nœuds d'un amour légitime

Je repose sans crainte, appuyé sur l'estime :
Myrthé, comme Zilla, ne m'a jamais aimé.
C'est pour moi qu'aux doux feux du Printemps ranimé,
Zilla tresse en festons les richesses de Flore ;
Pour moi, dans les jardins que Vertumne colore,
Aujourd'hui, fredonnant une douce chanson,
Elle va de nos fruits recueillir la moisson.

A payer son tribut chaque arbuste est fidelle ;
Chaque arbuste, à l'envi s'inclinant autour d'elle,
A la main de Zilla veut s'offrir le premier.
Les globes suspendus aux rameaux du pommier,
Ceux de qui l'enveloppe, et fraîche et veloutée,
Recèle une liqueur des Persans redoutée ;
Ceux qui, du grenadier étalant les rubis,
En mêlent l'incarnat au vert de ses habits ;
Mille autres colorés par la saison ardente ;
Et la prune mielleuse et la poire fondante
De Zilla, qui balance, appellent l'œil ravi.
Son choix va se fixer sur le brillant pavi ;
Mais l'orange a montré l'or pur qui la décore,
Et, flottante en son choix, Zilla balance encore.
Quand, soudain plus heureux, l'arbre dont l'ornement
Fut des premiers humains le premier vêtement,

Lui qui des vents du nord trop aisément s'offense,
Et qui pourtant, facile aux jeux de mon enfance,
Dans les champs paternels me pardonnait l'affront
Dont mes bras pétulans déshonoraient son front;
Le figuier se présente, et sa tige effeuillée
Est enfin, par Zilla, de ses fruits dépouillée.

Zilla sort; elle vole aux champs, où le noyer
En immenses rameaux aime à se déployer :
Et moi, d'une forêt je perce la retraite.
Dieux ! avec quel plaisir je vois sous la coudrette
Bergères et pasteurs rassemblés deux à deux !
Ils ébranlent l'arbuste; et l'arbuste autour d'eux,
Dégageant son fruit mûr de sa cosse brisée,
Verse sur les gazons sa richesse bronzée.
Mille cris d'allégresse alors frappent les airs,
Et volent répétés par l'écho des déserts.
Alors un doux tumulte égare l'assemblée;
L'amant a plus d'audace, et l'amante troublée
Laisse égarer ses pas sous des berceaux touffus :
Là, de sa voix éteinte expirent les refus.

Amour, puissant Amour, ainsi tu viens encore
Régner sur les beaux jours que Vertumne décore !

Peu content toutefois d'embraser les humains,
Le feu réparateur qui brûle dans tes mains,
À travers les forêts, en flèche dévorante,
Vole, et des cerfs jaloux poursuit la horde errante.

Surpris dans tous ses nerfs d'un profond tremblement,
L'animal orgueilleux te résiste en bramant,
Se plonge dans les eaux, se roule sur l'arène;
Mais, contraint de fléchir sous ta main souveraine,
Partout semant le trouble et donnant le trépas,
Il court; le sable à peine est marqué de ses pas.

Que je plains le mortel qui, dépouillant la crainte,
Des forêts aujourd'hui parcourt le labyrinthe!
Que je le plains surtout si le cerf furieux
Par lui se voit fixé d'un regard curieux!
Indigné que sa honte, au grand jour exposée,
De l'homme, son tyran, excite la risée,
Il poursuit de ses feux le témoin indiscret,
Et dans des flots de sang veut noyer leur secret.
Trop heureux ce mortel si la froide épouvante
N'enchaîne point ses pas dans l'arène mouvante!
Trop heureux si le tronc d'un chêne protecteur
Présente au fugitif sa tranquille hauteur!

O forêt de Compiègne! ainsi sous ton ombrage,
Poursuivi par un cerf, je sus tromper sa rage.

La nuit de ses rideaux voilait le firmament ;
Et cependant Phébé versait paisiblement,
A travers les rameaux humides de rosée,
Ce pâle demi-jour qui blanchit l'Elysée.
Guidé par son flambeau, je perce, audacieux,
Du monarque des bois le séjour spacieux :
Je l'avoûrai ; bientôt une terreur secrète
Etonna, suspendit mon audace indiscrète.
Ces arbres au tronc noir, ce désert étendu,
Ce silence où le cerf était seul entendu,
Frappèrent tous mes sens d'un respect taciturne.
Alors je vis pourquoi, sous leur dôme nocturne,
Les bois furent long-temps pour nos grossiers aïeux
Le temple où se cachait la majesté des dieux.

Mon audace renaît ; et, poursuivant ma route,
J'arrive au pied d'un roc où se courbaient en voûte
Cent cormiers l'un dans l'autre enlaçant leur rameaux:
Ce lieu, m'avait-on dit dans les prochains hameaux,
Ce lieu sert de théâtre aux scènes valeureuses
Qui signalent du cerf les fureurs amoureuses.

Je ne fus point trompé. Du roc, en bondissant,
Un cerf impétueux d'un pied léger descend ;
Au milieu de l'arène il s'élance, et s'arrête,
Dresse le bois rameux qui couronne sa tête,
Garde un profond silence, et, de ses yeux hagards,
Partout aux environs promène les regards.
Pour moi, l'oreille ouverte et la vue attentive,
Je retenais sur lui mon haleine captive,
Quand un souffle imprudent, de ma bouche échappé,
Décèle ma présence au cerf qu'il a frappé.
Soudain il vole à moi, je me livre à la fuite,
Et, bientôt sur mes pas ramenant sa poursuite,
Au cirque de nouveau je rentre le premier,
Et, triomphant, m'élève au faîte d'un cormier.

Plus ardent, après moi mon ennemi s'élance ;
Mais de son vain courroux me riant en silence
Sur sa trace vingt fois je le vis retourner,
Dans les taillis voisins vingt fois se promener.
Lorsqu'enfin assuré que d'un essor rapide
Je trompais, en fuyant, son audace intrépide,
Dans l'arène déserte il revient orgueilleux.
Un feu rouge de sang étincelle en ses yeux ;
Tous ses nerfs sont tendus ; sa narine enflammée

Le couvre tout entier d'une épaisse fumée :
Il brame, et ce long cri, par les monts répété,
De l'Olympe, en roulant, remplit l'immensité.

De biches, à sa voix, une légère troupe
Sur la cime des monts paraît, et, de leur croupe
Dans le cirque à l'instant descendue à grands pas,
En cercle autour du cerf étale ses appas.
Que ce brillant essaim me plût ! A sa présence,
Je me crus introduit au palais de Bysance,
Dans ces rians jardins où cent jeunes beautés,
A la fraîcheur du soir, viennent de tous côtés
Caresser les désirs du maître de l'Asie.
Dirai-je qu'au milieu de sa cour réunie,
L'œil fièrement ouvert, le monarque des bois
Suspendit quelque temps la faveur de son choix ?

A la plus jeune enfin son hommage s'adresse ;
Quand d'un fougueux rival la jalouse tendresse
Vient, de sang altérée, au combat l'appeler.
Je les vis à l'instant l'un sur l'autre voler,
L'un l'autre se couvrir de larges cicatrices ;
Cependant qu'auprès d'eux, tranquilles spectatrices,
Les biches attendaient silencieusement

De ce combat d'amour le fatal dénoûment.
Mais long-temps dans ce choc la victoire en balance
N'osa d'aucun rival couronner la vaillance.
Il m'en souvient encor : le sang de tous les deux
A gros bouillons fumans ruisselait autour d'eux ;
Ses flots, même à travers l'épaisseur du feuillage,
Deux fois en jaillissant souillèrent mon visage.

Déjà l'obscure nuit fuyait, et le destin
Sur eux tenait encor le succès incertain,
Lorsque épuisés de sang, et de force et d'haleine,
Meurtriers l'un de l'autre, ils tombent sur la plaine ;
Ils tombent : et leur voix, par un dernier effort,
Poussant et prolongeant le soupir de la mort,
Attriste les échos dans leurs grottes plaintives,
Et disperse l'essaim des biches fugitives.

De mon asile alors librement descendu,
Et penché sur le couple à mes pieds étendu,
Je contemplai ce bois dont la haute ramure
Faisait de ces rivaux l'ornement et l'armure,
Cette taille élégante, et le vaste contour
De ce fanon pendant qu'avait gonflé l'amour.
Combien surtout, combien j'aurais voulu connaître

Quel pouvoir dans le cerf tous les ans fait renaître
Ces brûlantes fureurs, ces tourmens du désir,
Qui, dévorant son corps, l'affament de plaisir!
Pour éclairer la nuit qui voile ce mystère,
En vain, dans la forêt, rêveur et solitaire,
De l'immortel Buffon j'empruntai le flambeau;
En vain Pline, à ma voix, sortit de son tombeau;
L'Aristote de Rome et celui de la France
Ne purent m'arracher à ma triste ignorance.
Mon orgueil s'en plaignit; mais enfin, par degrés
La raison ramenant mes esprits égarés,
Me dit que l'homme encor n'avait pu tout comprendre.

Eh! quel homme en effet, quel homme peut m'apprendre
Pourquoi dans ces déserts, chez les muses fameux,
Où Vaucluse en Eté roule à flots écumeux,
Pourquoi circule à peine une onde languissante,
Quand du septième mois la clarté renaissante
Des fleuves desséchés reverdit les roseaux,
Et rend à leurs bassins le luxe de leurs eaux?

Ah! loin de m'égarer dans cette vaine étude,
Que ne puis-je aujourd'hui goûter ta solitude,
O Vaucluse! ô séjour que j'ai tant désiré,

Et que les dieux jaloux ne m'ont jamais montré !
Sur les rochers pendans, dont la chaîne t'embrasse,
De Pétrarque amoureux j'irais chercher la trace ;
Mes pieds y fouleraient ces verdoyans gazons
Où Pétrarque, oubliant la rigueur des saisons,
N'appelait, ne voyait, ne respirait que Laure.
Ici, dirais-je ; ici, des beaux présens de Flore
Cent fois il couronna le front qu'il adorait ;
Là, dans l'enfoncement de cet antre secret,
Il mariait sa voix à sa lyre plaintive ;
Sur le sable mouvant de cette eau fugitive,
Sur ces troncs, respectés du souffle des chaleurs,
Gravant le nom de Laure, il l'arrosait de pleurs.
A ce doux souvenir, j'en répandrais moi-même,
Et mon cœur me dirait : ainsi ma Zilla m'aime.
Douces émotions qui sauriez me charmer
Dans ces lieux où notre âme est toujours près d'aimer ;
Ah ! ne me quittez point quand je vais aux campagnes ;
Soyez alors, soyez mes fidèles compagnes :
Vous seules vous pouvez ajouter aux plaisir :
Que l'Automne riant promet à mes loisirs.

Il vient, il a paru. Dans la plaine éthérée
Je vois flotter les plis de sa robe pourprée ;

Le pampre sur sa tête en festons serpenter,
Et le vin bouillonnant à ses pieds fermenter.
Accourez tous à lui, vous de qui l'opulence
Sous le toit des cités s'endort dans l'indolence ;
Venez aux champs ; venez sous des berceaux épais
Retrouver les vertus, la nature et la paix :
Vous les connaissez peu dans vos villes profanes.
Un vallon, traversé de ruisseaux diaphanes,
Une grotte mousseuse, un coteau verdoyant.
D'un bocage touffu le sentier tournoyant ;
Voilà, voilà les lieux où se plaît la nature.
Là, vos yeux et vos pas errans à l'aventure,
Par un charme innocent tout à coup arrêtés,
Flotteront suspendus entre mille beautés.
Vous verrez des troupeaux les courses incertaines ;
Vous boirez cet air pur exhalé des fontaines ;
Votre oreille charmée écoutera le chant
Du laboureur joyeux qui sillonne son champ :
Les couleurs de son front par le hâle noircies,
Ses vénérables mains dans les travaux durcies
Vous forceront peut-être à respecter un art
Qui n'obtenait de vous qu'un dédaigneux regard.

Eh ! pourquoi ce mépris ? Parlez, hommes de fange :

Car il est temps enfin que la raison se venge;
Parlez : de ce mépris quel est le fondement?
Croyez-vous qu'aux humains fournir leur aliment
Soit moins grand, soit moins beau que de tramer des brigues,
De ramper à la cour dans de lâches intrigues,
De s'engraisser des biens qu'un peuple infortuné
Vous apporte à la voix d'un mortel couronné;
D'aller, sous les drapeaux d'un conquérant sauvage,
Égorger l'habitant d'un tranquille rivage?
Les voilà donc connus vos chimériques droits,
Les combats, la richesse, et la faveur des rois;
Beaux titres en effet dignes qu'on les étale !
Ne voyez-vous donc point qu'à vous-mêmes fatale,
Votre aveugle fierté plonge dans la langueur
Le bras qui de vos champs ranimait la vigueur?

Combien sur les Français les Romains l'emportèrent!
Fameux déprédateurs, sans doute ils dévastèrent
De trente nations les paisibles guérets ;
Mais, respectant chez eux les travaux de Cérès,
Au simple agriculteur leurs tribus alarmées
Remirent quelquefois le sceptre des armées :
La terre, fière alors d'un laboureur guerrier,
Tressaillait sous un soc couronné de laurier.

O nuit des préjugés, où la France égarée,
Voisine du tombeau, languit déshonorée,
Quand te verrai-je enfin, cédant à la raison,
Du bonheur de la terre agrandir l'horizon;
Permettre que des champs la culture ennoblie,
Dans ses antiques droits soit enfin rétablie;
Et que les rois eux-même, échappés à l'erreur,
Couronnent tous leurs noms du nom de laboureur?

Ah! si ces vers, enfans de mon faible génie,
Jusqu'au trône des rois portés par l'harmonie,
Leur inspiraient un jour le projet glorieux
De préférer le soc au fer victorieux;
Qu'alors, au lieu d'encens, de fleurs et d'hécatombe,
La main d'un laboureur écrive sur ma tombe:
« Il aima la campagne, et sut la faire aimer. »

Que son séjour me plaît! comme il sait me charmer!
C'est toi que j'en atteste, Automne, riche Automne,
Que de fois, ombragé du pampre d'une tonne,
J'ai fixé de mes yeux doucement attendris
Les champs où s'égarait la timide perdrix!
Lorsque vesper les dore, ou l'aube les argente,
Que j'aime à voir les airs et leur scène changeante!

POEME.

La Balance, au milieu du céleste séjour,
Suspend également et la nuit et le jour.
Paisible souverain, le soleil se couronne
De rayons tempérés ; le calme l'environne :
Quel silence ! A ses pieds tous les vents ennemis,
Liés par le respect, reposent endormis.

Et l'homme, qui, pleurant sa vigueur défaillante,
Se traînait sous le poids de la raison brûlante,
L'homme, libre aujourd'hui du fardeau des chaleurs,
Se relève, et déjà renaît avec les fleurs.
Voyez-le s'indigner de ces jours de faiblesse
Où son mâle génie, oubliant sa noblesse,
Dans les bras du repos végétait engourdi ;
Il s'agite, il a pris un essor plus hardi.

Qu'il est heureux alors, et que la solitude
S'embellit à ses yeux des charmes de l'étude !
Les folles passions, leur fausse volupté,
Ne valent point pour lui l'auguste vérité.
Chaque soleil nouveau, le payant de ses veilles,
Fait rouler pour ce sage un cercle de merveilles.
De quel ravissement, dieux ! il est enivré,
Si jusqu'au roi du jour son vol a pénétré !

Il revient triomphant, il parle; et son génie
Des cieux qu'il a franchis révèle l'harmonie,
Marque aux globes errans leur éternel retour,
Et de l'immensité mesure le contour.

A-t-il ouvert des monts les grottes souterraines,
Cherché des minéraux les brillantes arènes,
De leurs riches sillons parcouru les chemins,
Et surpris la nature à l'instant que ses mains
Des soufres et des sels, du nitre et du bitume,
Epuraient savamment et combinaient l'écume?
Croyez qu'il n'a point vu sans les plus doux transports,
Dans leurs lits caverneux se former ces trésors,
Qui, bientôt façonnés par l'humaine industrie,
Doivent, servant les arts, enrichir la patrie.

Ce gland, ce faible gland dans les bois enfanté
Et loin d'eux au hasard par les vents emporté,
Aux yeux de l'ignorant à peine humble semence,
Est déjà pour le sage une forêt immense.
L'insecte le plus vil, la fange des marais,
Tout devant lui déploie un trésor de secrets.
O noble emploi du temps! O veilles fortunées!
Vous agrandissez l'homme, et charmez ses années.

Moi-même, en ce moment, de quel feu créateur
Je sens renouveler mon génie et mon cœur !
Perdu durant l'été dans un monde frivole,
Où, sans gloire et sans fruit, le temps léger s'envole,
J'oubliais, endormi sur mes premiers essais,
D'en mériter l'honneur par de nouveaux succès :
Je n'étais plus moi-même. O soudaine merveille !
Dans le calme des bois mon ardeur se réveille ;
Je renais, je revole à la cour des neuf Sœurs,
Et l'art des vers encore a pour moi des douceurs.
Oui, mon luth tour à tour léger, sublime et tendre,
Aux antres du Parnasse ira se faire entendre.
Riche saison des fruits, c'est à toi que mes chants
Devront cette énergie et ces accords touchans,
Qui, maîtrisant le cœur par l'oreille enchantée,
Font aimer dans mes vers la nature imitée.
D'un rocher sourcilleux atteignant la hauteur,
C'est là que je voudrais, poète observateur,
De l'immense univers embrasser la structure,
Et, dans ses profondeurs poursuivant la nature,
Percer de mes regards, sagement indiscrets,
La nuit majestueuse où dorment ses secrets.

Mais à me condamner sans doute déjà prête,

Une fausse vertu va me crier : « Arrête.
« Arrête, téméraire ; et, bornant ton orgueil,
« Sur l'ouvrage des dieux ne fixe point ton œil :
« Pour jouir seulement, ces dieux te firent naître. »
Taisez-vous, imposteurs ! l'homme est fait pour connaître.
Et, sans ce noble instinct de curiosité
Dont un vaste génie est sans cesse agité,
Dites, que ferions nous ? Une horde sauvage,
Que la faim chasserait de rivage en rivage,
De tristes voyageurs, dont le bras tout sanglant
A l'hôte des forêts disputerait le gland ;
Du Printemps rajeuni les grâces verdoyantes,
Sur le front de l'Eté les gerbes ondoyantes ;
L'Automne, par Bacchus diapré du rubis,
L'agneau contre l'Hiver nous prêtant ses habits,
Ces biens, d'autres encor, réservés pour notre âge,
De l'homme observateur ne sont-ils pas l'ouvrage ?

Honteux du siècle étroit, où de grossiers besoins
Aux premiers jours du monde avaient borné ses soins.
Il le franchit : soudain tout prend une autre face.
La terre de vergers couronne sa surface ;
Le roc sort de ses flancs, et s'élève en palais ;
Le lin sur l'éléphant se déploie en filets ;

POEME.

De la croupe d'un mont roulant dans la vallée,
Le chêne est un navire, il fend l'onde salée ;
La meule tourne, crie, elle écrase le grain ;
La flamme en dieu tonnant a transformé l'airain ;
L'homme, tout l'univers sous le pinceau respire ;
L'harmonieux roseau par sept bouches soupire,
Et le poisson de Tyr rougit l'habit des rois.

Mais l'homme, oui, l'homme encor étend plus loin ses droits :
Si des siècles derniers, dépouillant les annales,
Je veux nombrer les faits par qui tu te signales,
O mortel ! quel tableau vaste et prodigieux
Sous des traits plus hardis vient t'offrir à mes yeux !
C'est par toi, qu'affranchi du pouvoir de la terre,
Le roi brillant du jour n'est plus son tributaire ;
Il remonte par toi sur son trône usurpé.
D'un aimant conducteur l'acier enveloppé,
Soit que l'épaisse nuit renaisse ou se retire,
Montre à tes mâts flottans le pôle qui l'attire.
De la tempête alors je vois le cap franchi,
Et le flot indien sous tes poupes blanchi.

Nouveau triomphe encor. Tes efforts plus prospères
Joignent un autre monde au monde de tes pères.

Le commerce aux cent bras les déploie autour d'eux,
Et, chargé de trésors, les prodigue à tous deux.
En vain le Nord, caché dans ses antres sauvages,
De montagnes de glace a bordé ses rivages,
Ta proue a sillonné les gouffres qu'il défend,
Et des secrets du Nord te voilà triomphant :
La terre, sous le pôle à tes yeux étendue,
Sur un axe moins long tourne enfin suspendue.

Hypparque, Pythéas, Conon, Thymocarys,
Vous, premiers scrutateurs des célestes lambris,
N'en soyez point jaloux ! De nouveaux Zoroastres
Ont élargi la sphère où gravitent les astres :
Un plus nombreux cortége entoure Jupiter.
D'une verge frappé dans les champs de l'Ether,
Et par elle à nos pieds conduit sans violence,
Le tonnerre captif vient mourir en silence.
Le sable à la fougère, en de brûlans fourneaux,
Se mêle, devient fleuve ; et, dans mille canaux
Distribuant son cours, à gros bouillons s'y plonge,
Se courbe, s'arrondit, se replie ou s'allonge.
Déjà de Cassini le tube observateur
De la voûte des cieux a percé la hauteur ;
Déjà, l'œil attaché sur un cristal fidèle,

Zilla voit son image, et sourit au modèle.
Que de ces arts puissans l'empire est étendu !
Du trône du soleil un rayon descendu
Dans les angles du prisme à peine se repose ;
Le prisme en sept couleurs soudain le décompose.
Et de tant de bienfaits un barbare ennemi
Voudrait que, sans honneur, l'homme encore endormi
Ralentît son essor ! Non, non ; que plus ardente,
Son âme s'agrandisse et vole indépendante :
Tout ce qu'il ne voit pas, il le peut voir un jour.
Il saura quel pouvoir au liquide séjour
Enlève et rend deux fois, dans la même journée,
L'onde tantôt captive, et tantôt déchaînée ;
Comment des vastes eaux s'est formé le bassin,
Et les monts dont la terre a hérissé son sein ;
Pour quel dessein caché la comète brûlante
Traîne au loin dans les airs sa queue étincelante.

Oui, je l'ose prédire : A ses yeux plus savans,
Les temps dévoileront l'origine des vents ;
Il pourra concevoir quelle est de la lumière
La source intarissable et l'essence première ;
Soumettre à son compas tous les célestes corps,
Leur fuite, leur retour, leur grandeur, leurs accords ;

Pénétrer les ressorts qui meuvent la matière ;
Saisir d'un seul regard notre âme tout entière,
Et deviner le terme où, rompant sa prison,
L'instinct marche et s'élève au jour de la raison.

Ah ! quand vous brillerez, beaux jours de notre gloire,
Je ne vous verrai point. Le flot de l'onde noire,
Neuf fois autour de moi, par la mort replié,
Dans l'éternelle nuit me retiendra lié ;
Je ne vous verrai point ! Et mon ombre sensible
Se plaindra vainement à la Parque inflexible :
Non, je ne serai point de la mort rappelé,
Et, pour d'autres que moi, tout sera dévoilé !

Ah ! si dans l'avenir, trop ardent à m'étendre,
A des plaisirs si grands je ne dois point prétendre,
Du moins jusqu'au tombeau, nos arts consolateurs
Epancheront sur moi leurs rayons bienfaiteurs ;
Du moins à les chanter je dévoûrai ma lyre.
L'Automne m'entendra, plein d'un noble délire,
Bénir l'art innocent qui nourrit les humains ;
La serpette armera mes poétiques mains,
Et, m'ouvrant des vergers les dédales agrestes,
Des beaux fruits de l'Eté j'irai cueillir les restes.

CHANT HUITIÈME.

OCTOBRE.

Battez, bruyans tambours, battez de rive en rive.
Il paraît, c'est lui-même ; il avance, il arrive :
Oui, c'est lui. Je le vois sur les monts d'alentour :
Battez, et de Bacchus annoncez le retour.

Eveillez-vous, buveurs, hâtez-vous ; le temps presse,
Hâtez-vous ; du sommeil secouez la paresse.
Aux scènes de plaisir qui renaissent pour vous,
Moi, prêtre de Bacchus, je vous invite tous.
Marchons : mais écartez de nos fêtes mystiques
Ces Lycurgues nouveaux, ces Thraces fanatiques,
D'une sainte liqueur profanes ennemis ;
Ecartons-les. Vous seuls, ô mes rians amis !
Vous, dignes d'assister à nos sacrés mystères,
Sortez à flots nombreux de vos toits solitaires :

Courons, et de l'Isther au Tage répandus,
Assiégeons les raisins au côteau suspendus.
Redoublons du Français la brillante allégresse ;
Faisons pour un moment oublier à la Grèce
Le poids honteux des fers dont gémit sa beauté ;
Que le grave Espagnol déride sa fierté ;
A sa longue paresse arrrachons l'Ausonie ;
Echauffons, égayons la froide Pannonie,
Et que de flots de vin tous les Suisses trempés
Dansent sur le sommet de leurs rocs escarpés.

Dieux, quel riant tableau! Mille bandes légères,
Les folâtres pasteurs, les joyeuses bergères,
Les mères, les époux, les vieillards, les enfans,
Remplissent les chemins de leurs cris triomphans.
Déjà s'offre aux regards de cette agile armée
Le rempart épineux dont la vigne est fermée.
Avide des trésors dont elle s'enrichit,
Déjà d'un pied léger chacun d'eux le franchit.
Nul cep n'est épargné. Partout je vois la grappe
Tomber sous le tranchant du couteau qui la frappe;
Je vois deux vendangeurs de pampre couronnés,
Et du jus des raisins goutte à goutte baignés,
Au pied de la colline où la vigne commence,

Descendre sous le faix d'une corbeille immense ;
Je les vois, dans les flancs de vingt tonneaux fumeux,
Faire couler des ceps les esprits écumeux ;
Et sur un char, pareil au char qui dans la Grèce
De l'antique Thespis promenait l'allégresse,
Ranger, en célébrant les louanges du vin,
Ces tonneaux où s'apprête un breuvage divin,

Plus loin règnent les jeux d'une aimable folie.
D'un geste, d'un bon mot, l'un agace Ismélie,
Puis ravit en passant un baiser à Phylis ;
L'autre écrase en ses doigts les grains qu'il a cueillis,
Et vient furtivement rougir le front d'Aline :
Un rire fou circule autour de la colline,
En éclats s'y prolonge, et se mêle aux travaux
Qui doivent d'un vin pur enrichir nos caveaux.

Cependant le jour fuit ; il se hâte d'atteindre
Aux portes d'Occident où ses feux vont s'éteindre :
Vesper a déployé ses humides drapeaux,
Et son sceptre d'ébène appelle le repos.
Des coteaux dépouillés, soudain quittant la croupe,
Les bruyans vendangeurs se rassemblent en troupe
Aux deux côtés du char qui de fleurs est voilé,

Et de quatre chevaux sur deux rangs attelé.
Sous les tonneaux vineux que le pampre décore
Il s'ébranle : ô tambours, battez, battez encore !
Il marche; et mille voix répètent ces chansons :
« Amis, point de soucis; amis, buvons, dansons,
« Buvons, et comme nous faisons boire nos belles,
« Le vin, mieux que l'amour, domptera les rebelles;
« Le vin échauffera la maîtresse et l'amant;
« Buvons : qui ne boit pas doit aimer froidement. »

Arrivés au pressoir, du milieu de la foule
Un couple pétulant s'élance, écrase, foule
Sous ses bonds redoublés les grappes en monceaux;
Le vin jaillit, écume et fuit à longs ruisseaux.
A ces ruisseaux pourprés enivrez-vous ensemble,
O vous tous, que la soif près des cuves rassemble,
Creusez vos mains en coupe, et que sur vos habits
De vos mentons rians le vin coule en rubis :
D'un bachique repas couronnez la journée.
Les soucis, les travaux, les sueurs de l'année
Vous méritent assez ce bonheur d'un moment.

Quoi ! la bêche et la serpe auront incessamment
De votre plant tardif châtié la paresse !

POEME.

Quoi ! du feuillage vain, dont le luxe l'oppresse,
Par deux fois, tous les ans, vous l'aurez dégagé !
Cent fois vous aurez craint que, de grêle chargé,
L'Eté contre vos fruits ne déchaînât l'orage !
Et lorsque la nature a béni votre ouvrage,
Lorsque de vos labeurs, vous dispensant le prix,
Elle vous rend les jeux, les festins et les ris,
Des jeux et des festins un ennemi farouche
Viendra faire expirer les ris sur votre bouche ;
Vous dira que des dieux les décrets solennels
Ont condamné la terre à des pleurs éternels ;
Qu'ils nous font de la joie une sage défense,
Et que leur majesté de nos plaisirs s'offense !

Tu l'offenses toi seul, augure du malheur ;
Oui, toi seul. Le plaisir est une heureuse fleur
Dont ces dieux indulgens, que blasphème un faux sage,
De nos jours épineux ont semé le passage.
De ses parfums en paix respirons les douceurs ;
Et, laissant contre nous tonner ces noirs censeurs,
Qui, tristement rongés d'un fiel atrabilaire,
Ont fait un Dieu, comme eux, et jaloux et colère,
Cessons de redouter leurs funestes tableaux,
Et tous leurs préjugés, de l'imposture éclos.

Heureux jours où les dieux habitaient les campagnes,
Où Pan, Flore et Cérès, Diane et ses compagnes,
De mensonges rians fascinaient les mortels,
Et voyaient l'allégresse encenser les autels ;
Qu'êtes-vous devenus, beaux jours que je regrette ?
Qu'il était doux alors d'habiter la retraite
D'une grotte, d'un bois ; et dans les champs voisins
De voir l'or des épis et l'azur des raisins !
Alors l'illusion, pour consoler la terre,
Offrait des dieux amis à l'homme solitaire,
Des dieux qui, comme lui, citoyens des hameaux,
Avaient connu long-temps ses plaisirs et ses maux.
Ces pins religieux, ces vénérables hêtres
Etaient l'asile aimé des déités champêtres ;
Chacun d'eux, jusqu'au jour marqué par son trépas,
D'une aimable Dryade enfermait les appas :
Elle le défendait des fureurs de l'orage,
Et pour l'homme berger en nourrissait l'ombrage.
Le raisin n'était pas un fruit inanimé ;
C'était Bacchus lui-même, en grappe transformé,
Sur la jeune Erigone étendant son feuillage.
L'amant que trahissait une amante volage,
Couché languissamment sur un lit de roseaux,
Contait son infortune à la nymphe des eaux ;

Et le bruissement de la vague tremblante
Était alors pour lui cette voix consolante
Dont l'amitié fidèle assoupit nos douleurs ;
Et l'amant soulagé laissait tomber des pleurs.

Rappellerai-je ici quelle adroite imposture
Sut encor de nos champs ranimer la culture ?
Rival du loup vorace et du taureau meuglant,
L'homme, jadis sans mœurs, se repaissait de gland,
Lorsque les saintes lois, créant une patrie,
Promirent l'abondance à l'active industrie.
Dans le flatteur espoir de mille biens nouveaux,
L'homme voua ses mains à de rudes travaux :
Mais bientôt la fatigue épuisa son courage ;
Et, regrettant des bois le paresseux ombrage,
Sa vigueur négligea de tourmenter son champ.
La rouille allait enfin ronger le soc tranchant ;
Il fuyait : tout'à coup, père d'heureux mensonges,
De la fable, à ses yeux, un sage offrit les songes :
Il lui dit que du ciel les sublimes moteurs
En avaient, pour les champs, déserté les hauteurs ;
Que Cérès elle-même, aux mortels apparue,
Leur avait apporté le soc de la charrue,
Et que ces grains dorés, nourriciers des humains,

Étaient encor pour eux un présent de ses mains.
L'homme, honteux alors de sa lâche faiblesse,
Du soc cultivateur admira la noblesse ;
Et, fier de partager la gloire de Cérès,
Pesant sur la charrue, il creusa des guérets.

Ah ! s'ils vivaient encor ces mensonges utiles,
Sans doute nous verrions nos plaines plus fertiles,
Et l'indigence en pleurs ne les ouvrirait pas !
Mais les champs à nos yeux languissent sans appas :
L'orgueil de notre faste, outrageant la nature,
Dédaigne les mortels voués à leur culture.
Que ferions-nous pourtant si l'essaim des besoins
N'imposait à leurs bras un long tribut de soins ?
C'est lui qui sur le sol de leur étroit domaine
A l'oisive charrue aujourd'hui les ramène.
Ils placent sous le joug leurs taureaux vigoureux ;
Le soc brille, rongé par le sillon poudreux ;
Le semeur y répand, d'une égale mesure,
Ce froment que l'Eté doit rendre avec usure.
Sur les pas du semeur, la herse lentement
Rampe, et, brisant la glèbe, en couvre le froment.

Hommes laborieux, votre tâche est remplie.

Et vous, par qui tout naît, vit et se multiplie,
Dieux bons, Dieux paternels ! c'est à vous à présent
De jeter sur ces grains un regard bienfaisant.
Ordonnez que l'amas de ces eaux suspendues,
Pour noyer nos sillons trop de fois répandues,
Ne fonde point sur eux : mais, qu'errant dans les airs,
Il s'épanche en torrens sur des climats déserts ;
Mais qu'une douce ondée abreuve la campagne ;
Mais que d'un jour serein la chaleur l'accompagne ;
Mais que d'un vert naissant le sillon surmonté
De son dos inégal cache la nudité,
Et de loin à nos yeux présage l'abondance.
Ordonnez aux brouillards que l'Automne condense,
Lorsqu'éteignant les feux de l'Occident vermeil,
La nuit a ramené les heures du sommeil,
Dieux bons ! ordonnez-leur que la terre humectée
Par eux d'un air impur ne soit point infectée.
Souvent dans les brouillards qui couvrent l'horizon
Le Scorpion céleste a lancé son poison.
Alors de la beauté les roses se flétrissent ;
Du jeune homme pâli les forces dépérissent ;
Et la tombe, sans cesse ouverte sous nos pas,
Appelle le vieillard des langueurs au trépas.
Oh ! que de fois alors la peste au vol immonde

Pour assouvir l'enfer a parcouru le monde !
Hélas ! ils sont encor présens à nos douleurs
Ces jours rendus fameux par l'excès de malheurs,
Ces jours où, succombant sous ce monstre homicide,
Des portes de l'Aurore aux colonnes d'Alcide,
Du foyer du Midi jusqu'aux glaces du Nord,
La moitié des humains s'engloutit dans la mort !

Vers les bois où se perd le sauvage Tartare,
Les flots empoisonnés que roule le Ténare,
Par un gouffre entr'ouvert le vomirent au jour.
Trop resserré bientôt dans cet obscur séjour,
Le monstre, déployant ses ailes ténébreuses,
Vole au Cathay, s'abat sur ses villes nombreuses,
Les comble de mourans entassés sous des morts ;
Reprend son vol ; du Gange atteint les riches bords,
Les transforme, en passant, en vaste cimetière ;
Du superbe Mogol traverse la frontière ;
Remplit de ses poisons l'empire des sophis,
Les murs de Constantin, l'Arabie et Memphis ;
Franchit les hauts rochers d'où le Nil roule et tombe;
Fléau des Nubiens, les plonge dans la tombe ;
Abat le grand Négus, son peuple, ses enfans,
Frappe la Côte-d'Or, celle des Eléphans ;

POEME.

Dévaste le Zaïre et les forêts sauvages
Qui du frère du Nil couronnent les rivages ;
Perce du vieux Atlas les sommets orageux,
De cadavres infects couvre ses rocs neigeux ;
Une seconde fois fait expirer Carthage ;
Vole au-delà des mers jusqu'aux sources du Tage ;
Rend veuves d'habitans ses antiques cités ;
Mêle ensemble et l'Ibère et le Maure indomptés ;
Entre eux et le Français, quelque temps en balance,
Des monts Pyrénéens sur les Alpes s'élance ;
Par monceaux, livre en proie à l'avide Pluton
Les lâches descendans d'Emile et de Caton ;
De tous ses potentats purge la Germanie ;
Des ducs de la Newa punit la tyrannie ;
Ronge avec leurs troupeaux les bergers du Lapland,
Brave les feux d'Hécla, parcourt le Groënland,
Touche au pôle ; et soudain retournant sur sa trace,
Dévore tout le Nord que l'Océan embrasse ;
S'acharne sur le Belge, et dans les champs français
Par des excès plus grands vient combler ses excès.

D'abord, cédant aux coups de la Parque inhumaine,
Les animaux en foule accrurent son domaine.
Le cerf au pied léger, la chèvre au crin pendant.

Et le bœuf pacifique, et le coursier ardent,
Et la brebis si douce, et le chien si fidèle,
Et le plaintif oiseau, des amans le modèle,
De leurs corps infectés couvrirent les chemins.
Le mal plus irrité, passant jusqu'aux humains,
Bientôt on ne vit plus que de hideux fantômes
Qui, d'un air corrompu respirant les atômes,
Se trainaient et tombaient. Leurs yeux sombres, hagards,
Brûlaient d'un feu de sang, lançaient d'affreux regards.
La douceur du sommeil, vainement attendue,
Sur leur corps tout entier une lèpre étendue,
Leurs poumons tourmentés des accès de la toux,
L'insatiable soif qui les dévorait tous,
Enfin de mille maux l'exécrable assemblage,
N'épargnant ni le rang, ni le sexe, ni l'âge,
Ni l'innocent amour, ni la sainte amitié,
Bientôt de nos aïeux eût ravi la moitié.
Ils mouraient. Chaque instant voyait hors des murailles
S'avancer, tout rempli, le char des funérailles.
Nulle voix ne suivait ce mobile tombeau :
Sans parens, sans amis, sans prêtre, sans flambeau,
Solitaire, il marchait. A ces monceaux livides
Une fosse profonde ouvrait ses flancs avides ;
Et dans son large sein les cadavres versés

Y tombaient en roulant l'un sur l'autre entassés.
Durant vingt mois entiers, par ce ravage horrible,
Se signala des dieux la colère terrible ;
Rien ne fut épargné : l'impureté des airs
Dépeuple tous les lieux et les change en déserts.

Dans les champs fortunés que l'Hyère timide
Enrichit lentement de son tribut humide,
Long-temps aimé des cieux, un hameau, dans son sein,
De cent cultivateurs cachait l'heureux essaim.
Détrompé de la cour, et honteux de ces brigues
Qui mènent aux honneurs par de viles intrigues,
Philamandre, au milieu des champêtres humains,
Se nourrissait en paix du travail de ses mains.
D'une fille et d'un fils la vertu florissante
Ornait de ce Nestor la vieillesse innocente :
Pour lui sur le coteau mûrissait le raisin ;
Cinquante agneaux paissaient l'émail d'un pré voisin ;
Quelques fleurs au Printemps lui formaient un parterre;
Et quand des blonds épis il dépouillait la terre,
Quand des flots d'un lait pur écumaient sous ses doigts,
Sa richesse égalait la richesse des rois.
Hélas ! qu'il dura peu le bonheur de ce sage !
Le fléau destructeur vers lui s'ouvre un passage,

Emporte ses troupeaux, et, rongeant les mortels,
Frappe l'homme sacré qui priait aux autels ;
Puis, du toit solitaire où le pontife expire,
Sur le peuple des champs il étend son empire.
Déjà plus d'une mère a répandu des pleurs;
Déjà chaque cabane est en proie aux douleurs.
Le vieillard, au milieu des publiques alarmes,
Lui seul n'a point encore à répandre des larmes.
Il voit Linda, Sainmaurt du fléau respectés.
Pour dérober leurs jours à ses traits infectés,
Dans le temple désert le vieillard se transporte ;
Sur lui, sur ses enfans il en scelle la porte,
Saisi d'un saint effroi s'avance vers l'autel,
L'embrasse, s'y prosterne, et s'écrie : « Immortel!
« Des fléaux de la terre, auteur impénétrable,
« Quand désarmeras-tu ton glaive inexorable?
« Quoi! tu détruis ainsi l'ouvrage de tes mains!
« Ne serais-tu donc plus le père des humains?
« Ah! du moins en faveur de nos humbles chaumières,
« Rappelle, Dieu clément, tes bontés coutumières !
« Par cet autel sacré, d'où l'encens autrefois
« Vers ton trône éternel montait avec nos voix;
« Par les pleurs dont souvent j'ai baigné tes portiques,
« Par mes cheveux blanchis dans les travaux rustiques,

« Laisse, laisse ma race au nombre des vivans;
Cache-la dans ton temple au souffle impur des vents;
Ou, s'il doit pénétrer ton auguste demeure,
Le premier de ma race, ordonne que je meure. »

Il dit. Sous l'épaisseur d'un voile ensanglanté,
Neuf fois l'astre du jour obscurcit sa clarté,
Et neuf fois de la nuit les ombres lui succèdent;
Lorsqu'enfin, succombant aux terreurs qui l'obsèdent,
Philamandre s'endort. De la faveur des cieux
Un songe le berçait. Songe fallacieux!
Tout à coup un long cri l'éveille. Aux lueurs sombres
Qu'une lampe mourante épanche dans les ombres,
Il découvre Linda qui, l'œil fixe, égaré,
Se traîne, et va tomber sur le marbre sacré.
Il court avec Sainmaurt, il pleure; et sa tendresse,
Sur son sein palpitant, la soutient et la presse :
Mais, repoussant le bras qui la veut secourir,
« Éloignez-vous, mon père, et laissez-moi mourir. »
A ces mots, et de sang et d'écume souillée,
Et de ses derniers pleurs la face encor mouillée,
Linda roidit son corps par ses mains déchiré.
Le vieillard la confie au jeune homme éploré,
Et sort pour invoquer une main salutaire.

L'aube pâle guidait sa marche solitaire.
Il s'avance ; et son œil ne voit de toutes parts
Que des restes meurtris sur la poussière épars.
De cabane en cabane à grands pas il s'élance,
Et partout du tombeau, le ténébreux silence,
Tout est mort. Égaré, pâlissant de terreur,
Mais adorant encor les cieux dans leur fureur,
Il retourne éperdu vers la demeure sainte ;
Des hurlemens affreux en remplissaient l'enceinte.
Il appelle sa fille. O tableau déchirant !
Sa fille est expirée, et son fils est mourant.
« Dieu cruel ! j'avais cru ta vengeance assouvie,
« Et de mon fils encor tu m'arraches la vie !
« Achève, prends la mienne. O Sainmaurt, attends-moi
« Je demandais au ciel de mourir avant toi ;
« Et c'est moi, malheureux, qui vois ta dernière heure !
« Mes enfans ne sont plus ; je les perds...Que je meure !

Attaché sur son fils, il pleurait ; et la mort
Dans les bras paternels avait frappé Sainmaurt.
Déjà d'un feu rongeur atteint jusqu'aux viscères,
Lui-même, il est couvert de livides ulcères.
Il se relève, il tombe, il meurt en gémissant,
Le dernier de sa race et d'un peuple innocent.

Tous les ans, il est vrai, l'automne moins funeste
Ne souffle point sur nous les horreurs de la peste ;
Mais toujours, de brouillards resserrant l'horizon,
Il change la campagne en humide prison ;
Jaloux du roi brillant qui verse la lumière,
Dépouille ses rayons de leur chaleur première,
Du sang et des humeurs trouble en nous les accords,
Énerve notre force, allume dans nos corps
Les ardeurs de la fièvre à la soif dévorante,
Et livre au noir ciseau notre vie expirante.

Aussi le dieu du mal, jadis à ses autels,
En ce mois ténébreux, voyait-il les mortels
Humilier leurs fronts, et, tout pâles d'alarmes,
L'environner d'encens, de prières, de larmes.
Memphis, croyant alors que ce Dieu redouté
Triomphait du soleil, en voilait la clarté,
Memphis du roi des airs déplorait la faiblesse :
« Il languit, disait-elle, accablé de vieillesse.
« Qui pourra lui prêter un salutaire appui !
« Typhon dans son courroux s'est armé contre lui. »
Fidèles héritiers de ces pensers funèbres,
Les Grecs vouaient ce mois au démon des ténèbres.
Ils allaient, éclairés de nocturnes flambeaux,

Arroser de leurs pleurs la cendre des tombeaux,
Et, sous le nom sacré de fêtes parentales,
Solliciter du Styx les déités fatales.
Le Capitole enfin, d'Athène imitateur,
Fit régner sur ce mois un dieu dévastateur,
Mars, qui des élémens éternisant la guerre,
Combat les dieux amis du bonheur de la terre.

Cependant aux rigueurs de ces fléaux divers
Que le perfide Automne épand sur l'univers,
Résigne-toi, mortel; et, faible créature,
Ne vas point d'injustice accuser la nature.
Elle te répondrait : « Ne m'accuse de rien.
« Le mal est nécessaire; il l'est comme le bien.
« Soumise aveuglément à ce double génie,
« Je cède, et je leur dois ma constante harmonie.
« Mais détruis un instant l'un de ces deux rivaux,
« Ce que tu crois le mieux devient l'excès des maux.
« Écoute; et que ton cœur, dont la plainte m'outrage,
« Cesse d'imaginer un plus parfait ouvrage.
« Ce vent qui de la terre, entr'ouvrant la prison,
« De la peste en cent lieux souffla le noir poison,
« Tu veux l'anéantir, ou du moins ne l'entendre
« Que murmurant à peine en zéphyr doux et tendre.

Eh! tu ne sais donc point qu'un plus affreux revers
S'en va dès ce moment ravager l'univers?
Au lieu de cette peste, errante et passagère,
Que le temps emporta sur son aile légère,
Partout un air infect s'apprête à t'investir.
Des prés marécageux, où tu vois s'engloutir
Les végétaux dissous qui corrompent l'automne ;
De ces champs de bataille où le bronze qui tonne,
De cadavres pressés, forme un trône à la mort ;
De ces lacs de qui l'eau dont la fange s'endort ;
Enfin du lit impur des mines, des carrières,
Déjà montent vers toi des vapeurs meurtrières.
Le vent, qui de ton ciel ne trouble plus la paix,
Leur permet de s'étendre ainsi qu'un fleuve épais :
Bientôt ce globe entier n'est plus qu'un gouffre immonde.
C'en est fait ; et la Parque a dépeuplé le monde.
Mais rappelle ces vents ; que, d'un bruyant essor
Répandus sur la terre, ils y règnent encor.
Vois-tu de mille biens leur liberté suivie ?
Ils ont soufflé la mort, ils répandent la vie.

Des autres élémens suis encor les effets :
Partout aux maux qu'ils font succèdent les bienfaits.
Si le feu dévorant embrase mes entrailles,

« M'ébranle, me déchire, engloutit tes murailles,
« Sert en foudres tonnans l'injustice des rois,
« Et des peuples vaincus anéantit les droits,
« Ce feu, nourri des sucs que l'abeille distille,
« Pour te rendre le jour brille en flamme subtile:
« Tes alimens, par lui doucement préparés,
« Nourrissent de ton sang les ruisseaux épurés ;
« Et, lorsque j'ai perdu ma dernière verdure,
« Il chasse loin de toi la piquante froidure.
« L'eau traverse en torrens tes vallons ravagés,
« Traîne ensemble et troupeaux et pasteurs submergés,
« Sur l'océan d'Atlas, théâtre de naufrages,
« Dans toute leur fureur déchaîne les orages ;
« Aux vaisseaux écrasés sous le poids des Typhons
« Ouvre, près du Cathay, des abîmes sans fonds ;
« Du commerçant paisible engloutit l'industrie,
« Et sauve un conquérant, fléau de la patrie :
« Mais l'eau t'abreuve aussi ; l'eau promène tes mâts
« Des bords où tu naquis aux plus lointains climats,
« Roule en fleuve féconds, tombe en douce rosée ;
« Et la terre, pour toi, renaît fertilisée.
« Ingrat à ses bienfaits, si tu dis que son sein
« Etale de poisons un innombrable essaim ;
« Si tu veux ajouter qu'en ses profonds abîmes

« Elle n'enfante l'or que pour nourrir les crimes ;
« Qu'elle arme le héros d'un glaive destructeur ;
« Qu'elle trahit l'espoir du soc cultivateur,
« Et que dans ses guérets, où la rouille domine,
« Souvent le laboureur moissonne la famine :
« Moi, je t'opposerai les biens et les plaisirs :
« Tu les verras des maux corriger l'influence,
« Et Tiphon, comme Horus, demeurer en balance.
« Enfin, voyant qu'au sage ainsi qu'au scélérat
« La nuit prête son ombre et le jour son éclat,
« Dis : il faut qu'en son sein la nature rassemble
« Les biens mêlés aux maux, et qu'ils germent ensemble. »

Que répondre à sa voix ? Ah ! d'un sort plus heureux
Défendons à nos cœurs les chimériques vœux :
Assez de biens encore embellissent la vie.

Pour tromper les langueurs dont l'Automne est suivie,
Rallions nos amis, et laissons au plaisir
Le soin de nous filer les jours d'un doux loisir ;
Ou si des bois jaunis perçant la solitude,
Ma muse s'abandonne aux rêves de l'étude,
Non loin de moi la hache, à grands coups redoublés,
Attristant les échos dans leurs grottes troublés,

Je m'avance ; je vois les tiges renversées,
Et de grandes leçons nourrissent mes pensées.

Et comment en effet contempler froidement
Ces forêts, de la terre autrefois l'ornement,
Aujourd'hui, par le fer, de leur sol arrachées,
Et, par tronçons épars, sur le sable couchées !
Ces platanes rians, sous qui d'heureux buveurs
Du père des raisins célébraient les faveurs ;
Et ces pins et ces ifs dont la noire verdure
Repoussa trois cents ans les traits de la froidure ;
Ces hêtres, ces cormiers, ces frênes, ces ormeaux,
Qui répandaient leur sève en immenses rameaux,
Et le haut peuplier, et le chêne robuste,
Entassés, confondus avec le frêle arbuste,
Ne rappellent-ils point ces sanglans bataillons
Dont le bras de la guerre a jonché nos sillons ?
Dieux ! comme à cet aspect mon âme consternée
Des ministres de Mars a plaint la destinée !
Si leur sang généreux, répandu pour l'honneur,
Du moins de la patrie eût accru le bonheur,
J'envirais leur trépas ; mais, ô gloire infertile !
A leurs concitoyens leur mort est inutile.
Que dis-je ? ils n'ont prêté leur glaive aux conquérans

Que pour mettre la terre aux chaînes des tyrans.
Oh! que j'aime bien mieux les destins honorables
Dont jouiront encor ces tiges vénérables !
Bientôt, sous l'humble toit qu'habite le malheur,
Elles rendront au pauvre une douce chaleur.
Dans le vague des airs, ici, je les contemple
Couronnant d'un lambris le haut faîte d'un temple :
Je les vois en remparts ceindre les flots amers,
Et cacher le Batave à la fureur des mers.
Je vois encor, je vois la superbe Venise
Sur des troncs cimentés pompeusement assise ;
Elle est reine des eaux. Et vous qui, destinés
A maîtriser Neptune et les vents mutinés,
De Brest et de Toulon devez couvrir l'arène,
Gigantesques sapins, vieux enfans de Pyrène,
Quel exemple offrez-vous à l'homme ambitieux,
En tombant de ces rocs d'où vous touchiez aux cieux !

Vous viviez suspendus sur d'immenses abîmes ;
Des glaçons, élevés au dessus de vos cimes,
Vous couvraient d'une enceinte où vos rangs plus épais
Et vos bras toujours verts se déployaient en paix ;
Votre auguste vieillesse insultait aux tempêtes.
Les torrens à vos pieds, la foudre sur vos têtes,

Sans jamais vous blesser, roulaient ; et, loin de vous,
Sur des rocs déchargé, se perdait leur courroux.
Il respectait des troncs qui, dans leur premier âge,
Virent César, Pompée, errans sous leur ombrage,
Et mille autres héros, par un nouveau chemin,
Contre l'Ebre indompté guidant l'aigle romain.
Vous désarmiez le temps ; le temps, à chaque lustre,
Semblait prendre plaisir à croître votre lustre.
Vous aviez tressailli d'orgueil, lorsque nos lis
Passèrent sous votre ombre, et que le grand Louis,
Ressuscitant les droits de sa noble compagne,
Choisit dans ses neveux un monarque à l'Espagne.

Mais à quoi sert la gloire ? Hélas ! d'un fer jaloux
Le grossier bûcheron s'arme et frappe sur vous.
En vain s'agite encor votre tête indignée ;
C'en est fait : votre honneur tombe sous la coignée.
Et maintenant, ô rois ! instruisez-vous : le sort
Frappe ainsi votre orgueil, et l'éteint dans la mort !

CHANT NEUVIÈME.

NOVEMBRE.

Les vents sont accourus : leur troupe déchaînée
Déjà vers son déclin précipite l'année ;
Déjà, n'offrant partout qu'un aride coup d'œil,
L'Automne se dépouille ; et la forêt en deuil,
Impuissante à garder un reste de verdure,
Sent mourir tous ses sucs liés par la froidure.

Le ciel même est changé. L'Aurore au front vermeil
Se cache ; elle s'endort d'un triste et long sommeil ;
Le roi du jour enfin n'a plus d'avant-courrière,
Et, sans être annoncé, doit ouvrir sa carrière ;
Il l'ouvre : mais, hélas ! ses feux tombent, perdus
Dans l'humide épaisseur des brouillards suspendus.
Tourne-t-il au midi, la reine des ténèbres
Soudain vole, l'atteint, et, de ses rets funèbres

Enveloppant les cieux dans leur vaste contour,
Sur quinze heures sans gloire y domine à son tour.

Au lieu de cette aimable et paisible rosée
Dont la terre au Printemps brillait fertilisée,
Le brouillard s'épaissit et se glace en frimas ;
La pluie à longs torrens inonde nos climats ;
Tout nage : et cet aspect des plaines désolées,
Le fleuve avec fracas roulant dans les vallées,
Et noircissant ses eaux, et jusqu'au flanc des monts
S'élevant, prêt à rompre et ses bords et ses ponts,
Les bois sans ornemens, les oiseaux sans ramage,
Tout d'un monde vieilli nous peint la sombre image ;
Tout de pensers de mort conspire à me nourrir.
Je lis autour de moi : Ce qui naît doit mourir.
Mais j'y peux lire aussi : Ce qui meurt doit renaître.

Héraut de cette loi que tu nous fis connaître,
O vieillard de Samos ! viens, parle, et dans mes vers
Que ta sagesse encore instruise l'univers.

Rien ne s'anéantit, non, rien ; et la matière,
Comme un fleuve éternel, roule toujours entière.
Qui pourrait au grand tout fournir des alimens,

Si les êtres, détruits jusqu'en leurs élémens,
Du néant chimérique étaient jamais la proie?
Ce vêtement de feu que le soleil déploie,
Mars, Vénus et Phébé, Mercure et Jupiter,
Errans avec Saturne aux plaines de l'éther,
Nos fleurs, nos grains, nos fruits éclos au doux zéphyre,
Et ces rocs dont les flancs sont veinés de porphyre,
Et ces vieilles forêts aux rameaux chevelus;
Tout l'ouvrage des dieux enfin ne serait plus,
Si de sa propre cendre il ne pouvait renaître.
Je mourrai : cependant les germes de mon être
D'une éternelle mort ne seront point frappés;
Non : de la tombe un jour mes esprits échappés,
Soutiens d'un autre corps, y nourriront la vie.

Vois-tu, lorsqu'à sa table un ami te convie,
Vois-tu de main en main passer rapidement
La fougère où pétille un breuvage écumant?
Eh bien ! de l'univers ce banquet est l'image :
Du flambeau de la vie on s'y prête l'usage.
Les prés et les forêts, les champs et les coteaux,
A la jeune brebis livrent leurs végétaux;
La brebis à nos corps fournit leur nourriture;
D'un peuple dévorant nos corps sont la pâture;

Et, comme nous enfin, ce peuple qui périt,
A la terre rendu, de ses sucs la nourrit.

Aujourd'hui que les vents, à la bruyante haleine,
Ont d'un voile grisâtre enveloppé la plaine,
Et, courbant, fracassant le front noirci des bois,
Vont laisser sans honneur le neuvième des mois,
Nos regards attristés contemplent ce ravage ;
Mélancoliquement, le long de ce rivage,
Nous foulons à regret ces feuillages séchés,
Par l'aquilon jaloux de leur tige arrachés.
Il changera pourtant ce tableau monotone,
Et le Printemps naîtra des débris de l'Automne :
Oui, ces feuilles, naguère ornement des forêts,
Se transforment bientôt en fertiles engrais,
De leurs sucs immortels iront former encore
Le panache ondoyant dont l'arbre se décore.
Oh ! que sans peine alors, dans les bois renaissans,
Nous oublirons l'Automne et ses jours languissans !

Ce n'est point toutefois que nos foyers agrestes
De leurs charmes perdus ne conservent les restes.
De la nuit des vapeurs dégageant l'horizon,
Un soleil d'or se lève ; et l'ardente saison

De l'Automne flétri prend un moment la place.
Consolateur des champs, que menaçait la glace,
Le règne fugitif de ce nouvel Eté
Ramène avec Comus la folâtre gaîté.

Alors, riche des fruits qu'ont enfantés les plaines,
Et des trésors vineux dont ses tonnes sont pleines,
Libre tout à la fois de labours et d'impôts,
L'agriculteur jouit. Voyez-le en son repos
Placer amis, voisins à sa table : la troupe,
Sans cesse remplissant et vidant une coupe,
Rit, chante; et de bons mots égayant le festin,
Chacun d'eux étonné voit blanchir le matin.

Mais ces derniers beaux jours vont encor dispar:
Déjà même il ont fui. Chaque instant voit s'accroître
La langueur du soleil, qu'à replis onduleux
Embrasse tout entier un voile nébuleux.
L'Automne touche enfin à son terme ; et la terre,
Inféconde à regret, se durcit, se resserre :
Aux germes créateurs les vents ferment son sein.

Et cependant vers nous s'avancent par essaim
Les oiseaux voyageurs qui, nés sous l'œil de l'Ourse,

Loin d'elle tous les ans précipitent leur course ;
Prudemment déserteurs de leurs tristes climats,
Ils cherchent sur nos bords de moins rudes frimas.
Ils y remplaceront ce peuple d'hirondelles
Qui, des jours printanniers les compagnes fidelles,
Près du Nil, du Gambra, du Tygre et de l'Indus,
Retrouvent les zéphyrs que nous avons perdus.

Ces oiseaux, il est vrai, plus fièrement sauvages
Que ceux dont le Printemps égayait nos rivages,
Ne feront point ouïr au silence des bois
Les soupirs cadencés d'une amoureuse voix.
Apre comme l'hiver, qui les suit à la trace,
Leur chant n'est qu'un long cri sans douceur et sans grâce ;
Mais leur instinct, leurs mœurs, d'un sage studieux
Peuvent du moins encore intéresser les vœux.

Si je porte mes pas à travers la campagne,
Je verrai du pluvier la coquette compagne
L'attirer près des lacs, s'enfuir sous les roseaux,
Puis raser comme un trait la surface des eaux,
S'arrêter, fuir encore ; et cette heureuse adresse
De l'amant, qui l'oublie, éveiller la tendresse.
Je pourrai voir encor les canes du Lapland,

Qui, sillonnant les airs en triangle volant,
Trente fois, chaque jour, changent de capitaine.
Fatigué des travaux d'une course lointaine,
Ce bataillon veut-il, dans sa marche arrêté,
Goûter un doux sommeil par la peine acheté,
Aux rives d'un étang, la troupe fugitive
S'abat; et l'un d'entre eux, sentinelle attentive,
Tandis que dans le camp tout repose endormi,
Les yeux sans cesse ouverts, observe l'ennemi.

Croyez donc maintenant, sectateurs de Descarte,
Vous, que la Vérité de ses temples écarte,
Croyez qu'esclave-né d'un aveugle pouvoir,
L'animal ne saurait ni sentir, ni prévoir!
Dites que de leur sang le cours involontaire
Des lois du mouvement rend leur corps tributaire :
La raison vous condamne; elle parle, et détruit
Un système jaloux que l'orgueil a construit.

Je sais bien que Buffon daigne grossir le nombre
Des mortels, que Réné voit autour de son ombre;
Qu'à ce maître fameux, qu'on délaisse aujourd'hui,
D'un style séducteur il a prêté l'appui :
Mais, fidèle au respect que je dois au grand homme

Qui, de l'être incréé jusqu'au plus vil atome
Promenant de son vol l'infatigable ardeur,
De l'univers entier sonda la profondeur,
J'ose, sans étaler une audace insensée,
A son autorité dérober ma pensée :
Trop de fois à l'erreur un grand homme est soumis.
Au sein des animaux, oui, la nature a mis
Un esprit qui dans eux fait mouvoir la matière,
L'éclaire, la conduit, l'anime tout entière.
C'est lui qui, dans ces jours, où l'oiseau tristement
Demande aux bois flétris quelque faible aliment,
Aux cités pousse en foule et la huppe azurée,
Et la svelte mézange à l'aile diaprée ;
Le brillant rouge-gorge y devance leurs pas :
Il vient, sans redouter les flèches du trépas,
Ni la captivité mille fois plus cruelle,
Nous rendre innocemment sa visite annuelle.

Imitez leur retour, ô vous de qui les rois
Ont fait l'appui de l'homme opprimé dans ses droits
Allez, il en est temps : reprenez la balance
Qui, jusques sous le dais, fait pâlir l'insolence.
Mais, prêtres de Thémis, jurez à ses autels,
Qu'équitables et purs comme les immortels,

Vous n'égarerez point dans la nuit de l'intrigue
La Vérité qui marche étrangère à la brigue :
Jurez que, sans oreille à la voix du puissant,
Vous lui refuserez le sang de l'innocent;
Jurez que la beauté, plus forte dans les larmes,
Trouvera votre cœur armé contre ses charmes;
Enfin que dans vos mœurs, ainsi qu'en vos arrêts,
Vous n'offrirez de vous que de nobles portraits,
....

Je ne veux confier ce sacré ministère
Qu'à l'homme vertueux, dont l'éloquence austère
N'adopte, pour tonner contre l'oppression,
Ni mot injurieux, ni lâche passion :
Qu'à l'inflexible honneur il soit resté fidèle,
Et qu'enfin Dupaty lui serve de modèle.

Peut-être à ce seul mot, Dupaty, rougis-tu ?
Mais à notre amitié, bien moins qu'à ta vertu,
Je devais aujourd'hui ce solennel hommage.
Ah ! si ces faibles vers, qu'ennoblit ton image,
Peuvent franchir des ans l'espace illimité,
Et consacrer ma muse à l'immortalité,
On saura que j'avais pour ami véritable
Un homme incorruptible, intrépide, équitable,
Qui, sensible aux malheurs par le peuple soufferts,
Sut braver, jeune encore, et l'exil et les fers.

Poursuis donc, Dupaty, ta course glorieuse ;
Et tandis qu'au sénat ta main victorieuse
Couvrira l'opprimé de l'égide des lois,
Moi, qu'un autre destin fit pour d'autres emplois,
Au nom des saintes mœurs dont l'intérêt m'enflamme,
J'ose, dispensateur de l'éloge et du blâme,
Faire entendre ma lyre à ces flots de guerriers
Qui viennent aujourd'hui, le front ceint de lauriers,
Dans la paix que l'hiver accorde à la patrie,
Attendre le retour de la saison fleurie.

Vertueux dans nos murs, comme sous les drapeaux,
Les uns sauront encore illustrer leur repos.

Des enfans, une épouse aussi tendres qu'aimables,
Un père vieillissant, des amis estimables,
Aux lèvres du héros, attachés, suspendus,
Demandent quels combats sa valeur a rendus.
Il parle, et le récit d'une aussi belle histoire
Fait au plus jeune enfant envier la victoire.

Mais pour quelques guerriers, toujours grands dans la paix,
Combien dont le repos avilit les hauts faits!
La foule par ses mœurs dégrade ses services,
Et traîne ses lauriers dans la fange des vices.

Je ne vous noircis point, je peins ce que je vois,
Fils de Mars; trop long-temps d'une coupable voix
Les Muses, à vos pieds rampantes, avilies,
Ont flatté lâchement vos honteuses folies :
Le véritable honneur, que vous avez quitté,
Soulève contre vous la sévère équité.

Dites pourquoi, trompant et la mère et la fille,
Vous abreuvez d'opprobre un vieux chef de famille ;
Pourquoi, d'un jeu sans borne affrontant les hasards,
On vous voit dans la nuit, échevelés, hagards,
De vos immenses biens ruiner l'édifice,

Et pour le réparer appeler l'artifice ;
Pourquoi, l'humble artisan, chargé de vos mépris,
En vain de son travail vous demande le prix ;
Et pourquoi, prodiguant un amour idolâtre
Aux beautés dont le vice a paré le théâtre,
De ces viles Phrynés vous adoptez les mœurs ?

Eh quoi ! vous répondez qu'aigri dans mes humeurs
J'insulte à vos aïeux, et qu'un sombre vertige
A dans les rejetons déshonoré la tige.
Ah ! si des premiers noms vous êtes revêtus,
Montrez-vous donc aussi les premiers en vertus ;
Rendez-nous les héros dont vous êtes la race :
Les champs qui de leurs pas ont conservé la trace,
Et ces bois, vieux témoins de leurs nobles plaisirs,
S'apprêtent à charmer les jours de vos loisirs.
Allez de la fatigue y nourrir l'habitude,
Et que votre repos soit encore une étude :
Les bois furent toujours l'école des guerriers,
Et Diane à Bellone apprête les lauriers.

Voyez-vous le soleil vers le froid Sagittaire ?
Il éclaire pour vous la forêt solitaire,
Et des jours de la chasse annonce le retour.

POEME.

Le cor, pour éveiller les châteaux d'alentour,
Frappe et remplit les airs de bruyantes fanfares :
L'ardent coursier hennit, et vingt meutes barbares,
Près de porter la guerre au monarque des bois,
En rapide aboîment font éclater leur voix.
Ennemis affamés que les veneurs devancent,
Les chiens vers la forêt en tumulte s'avancent ;
Et bientôt sur leurs pas l'impétueux coursier,
Tout fier d'un conducteur brillant d'or et d'acier,
Non loin de la retraite où l'ennemi repose,
Arrive. L'assaillant en ordre se dispose :
Tous ces flots de chasseurs, prudemment partagés,
Se forment en deux corps sur les ailes rangés ;
Les chiens au milieu d'eux se placent en silence.
Tout se tait : le cor sonne ; on s'écrie, on s'élance,
Et soudain comme un trait, meute, coursier, chasseur,
Du rampart des taillis ont franchi l'épaisseur.

Eveillé dans son fort, au bruit de la tempête,
La terreur dans les yeux, le cerf dresse la tête,
Voit la troupe sur lui fondant comme un éclair ;
Il déserte son gîte, il court, vole et fend l'air,
Et sa course déjà, de l'aquilon rivale,
Entre l'armée et lui laisse un vaste intervalle :

Mais les chiens plus ardens, vers la terre inclinés,
Dévorant les esprits de son corps émanés,
Demeurent sans repos attachés à sa trace ;
Ils courent. L'animal, ô nouvelle disgrâce !
L'animal est surpris en un fort écarté.
Moins confiant alors en son agilité,
Par la feinte et la ruse il défend sa faiblesse ;
Sur lui-même trois fois il tourne avec souplesse,
Ou cherche un jeune cerf, de sa vieillesse ami,
Et l'expose en sa place à l'œil de l'ennemi.

Mais la brûlante odeur des esprits qu'il envoie,
Conductrice des chiens les ramène à sa voie.
C'est alors qu'il bondit et veut franchir les airs ;
Sa trace est reconnue : enfin dans ces déserts,
Contre tant d'ennemis ne trouvant plus d'asile,
Le roi de la forêt à jamais s'en exile.
Il ne reverra plus ce spacieux séjour,
Où vingt jeunes rivaux vaincus en un seul jour
Laissaient à ses plaisirs une vaste carrière :
Il franchit, n'osant plus regarder en arrière,
Il franchit les fossés, les palis et les ponts,
Et les murs et les champs et les bois et les monts.
Tout fumant de sueur, près d'un fleuve il arrive,

Et la meute avec lui déjà touche à la rive.
Le premier dans les flots il s'élance à leurs yeux.
Avec des hurlemens les chiens plus furieux,
Trempés de leur écume, affamés de carnage,
Se plongent dans le fleuve, et l'ouvrent à la nage.

Cependant un nocher devance leur abord ;
Et, tandis que sa nef les porte à l'autre bord,
L'infortuné, poussant une pénible haleine,
Et glacé par le froid de la liquide plaine,
Vogue, franchit le fleuve, et de l'onde sorti
Fuit encor, de chasseurs et de chiens investi.

Sa force enfin trompant son courage, il s'arrête ;
Il tombe : le cor sonne, et sa mort qui s'apprête
L'enflammant de fureur, l'animal aux abois
Se montre digne encor de l'empire des bois.
Il combat de la tête, il couvre de blessures
L'aboyant ennemi dont il sent les morsures.
Mais il résiste en vain ; hélas ! trop convaincu
Que faible, languissant, de fatigue vaincu,
Il ne peut inspirer que de vaines alarmes,
Pour fléchir son vainqueur il a recours aux larmes :
Ses larmes ne sauraient adoucir son vainqueur.

Il détourne les yeux, se cache ; et le piqueur,
Impitoyable et sourd aux longs soupirs qu'il traine,
Le perçant d'un poignard, ensanglante l'arène.
Il expire ; et les cors célèbrent son trépas.

A leur voix éclatante accourez à grands pas,
Vous, enfans des héros, vous qui, nés pour la gloire,
Devez de flots de sang acheter la victoire :
De vos cruels emplois venez prendre les mœurs.

Mais toi, fait pour dompter nos sauvages humeurs,
Beau sexe, à qui les cieux donnèrent en partage
La grâce, et la pitié ton plus doux avantage,
Va, fuis, éloigne-toi ; que jamais les forêts
Sous les habits de Mars ne m'offrent tes attraits ;
Sous les habits de Mars Vénus a moins de charmes.
Oui, belles, l'appareil des nos sanglantes armes
Vous ravit et la grâce et cet air de candeur
Qui, dans votre œil modeste, anime la pudeur.
Ah ! d'un glaive jamais ne paraissez armées ;
Pour des combats plus doux l'Amour vous a formées.

Il veut, pour nous charmer, qu'un simple vêtement
Sur vos corps délicats flotte négligemment ;

Qu'un luth, à votre gré, s'irrite ou s'attendrisse ;
Que la rose en bouton sous vos pinceaux fleurisse ;
Que vos doigts, conduisant l'aiguille de Pallas,
Unissent sur la toile Elmire à son Hylas ;
Que votre pied, fidèle aux lois de la cadence,
Suspende et tour à tour précipite la danse ;
Et que vos belles mains, nourricières des fleurs,
L'hiver, sous vos lambris, cultivent leurs couleurs.

Il exige surtout qu'amantes enflammées,
Vous sentiez, vous goûtiez le plaisir d'être aimées.
Qu'écartant loin de vous toute frivolité,
Vous ne voliez jamais à l'infidélité ;
Que l'aimable enjoûment respire sur vos traces ;
Que votre sein fécond reproduise vos grâces ;
Que la société vous doive ses douceurs,
Et ses goûts délicats et ses paisibles mœurs ;
Que, nous montrant l'hymen sous un dehors prospère,
Vous fassiez envier le bonheur d'être père.
Enfin, quand l'âge mûr changera vos désirs,
Que vos châteaux encor vous donnent des plaisirs ;
De vos fruits, de vos fleurs exprimez l'ambroisie ;
Qu'aujourd'hui du pommier la richesse choisie
Sous vos yeux vigilans se transforme en boisson.

Peut-être ici devrais-je, émule de Thomson,
Chanter ce jus piquant, nectar de la Neustrie ;
Mais j'entends tout à coup, oui, j'entends ma patrie,
Qui, me montrant de loin ses arbres toujours verts,
Réclame pour l'olive une place en mes vers.

Brillante Occitanie, amoureuse contrée,
De tous les dons des cieux enrichie et parée,
Si je ne puis, hélas ! jouir de tes présens,
Du moins le souvenir me les rendra présens.

Le soleil a paru. Le Sud, par son haleine,
A fondu les frimas qui blanchissaient la plaine.
Quels essaims diligens, d'un bois flexible armés,
S'avancent, l'un par l'autre au travail animés,
Vers les champs couronnés de l'arbre de Minerve ?
Loin d'ici tout mortel que la mollesse énerve,
Que le bâton bruyant frappe à coup redoublé,
Et qu'en tous ses rameaux l'arbre soit ébranlé :
L'arbre cède ses fruits. De leur grêle épaissie
Je vois déjà la terre et couverte et noircie ;
Et lorsque tombe enfin l'ombre humide du soir,
Le fruit mûr, écrasé sous le criant pressoir,
Épanche de son sein la liqueur qu'il recelle,

Et sur la flamme ardente en baume pur ruisselle ;
Fleuve d'or, qui bientôt, appelant les Bretons,
S'en va par le commerce enrichir nos cantons.

Puisse, toujours couvert de sa pâle verdure,
L'arbre, auteur de ces biens, repousser la froidure !
Contre lui conjurés, ah ! veuillent désormais
Ces jours trop malheureux ne revenir jamais,
Qui !... Mais de ces revers taisons l'affreuse histoire :
Au lieu de ses malheurs, je veux chanter sa gloire.

Athènes dans les airs levait son front naissant.
Jaloux de la couvrir de leur bras tout puissant,
Et sur mille cités d'élever sa fortune,
La savante Minerve et le fougueux Neptune
Se disputaient l'honneur de nommer ses remparts.
Neptune, l'œil ardent et les cheveux épars,
Tonnait, remplissait l'air de clameurs odieuses.

De l'Olympe à ses cris les portes radieuses
S'ouvrent, et laissent voir les dieux et Jupiter,
Qui d'un pas ont franchi tous les champs de l'éther ;
L'immortelle assemblée est déjà dans Athènes.
Tandis que les tribus flottantes, incertaines,

En silence, du sort attendent les décrets :
« Le Destin va parler, et voici ses arrêts,
« Dit le maître des dieux : Le don le plus utile
« Doit mériter l'honneur de nommer cette ville. »

« Il m'appartiendra donc ce droit si glorieux, »
Reprend le dieu des mers. Il dit, et furieux
De son large trident soudain frappant la terre,
Elle enfante un coursier, symbole de la guerre,
Un coursier qui, fougueux, dresse ses crins mouvans,
Hennit, écume, vole et devance les vents.
« Déesse, dit Neptune ; eh bien ! oses-tu croire
« Que ton bras puisse encor m'enlever la victoire ? »
Et l'orgueil dédaigneux dans ses yeux éclatait.
La tranquille Pallas le regarde, se tait ;
Et, frappant à son tour la terre de sa lance,
Gage heureux de la paix, un olivier s'élance,
Qui, de feuilles, de fleurs et de fruits couronné,
Mérite aux nouveaux murs le beau nom d'Athéné.

Mortel ! la vérité sous sa fable est cachée :
La fable, à t'éclairer sagement attachée,
T'enseigne que les dieux préfèrent au guerrier
Les amis de la paix, et l'olive au laurier ;

Que l'honneur véritable est d'être utile aux hommes :
Cependant notre hommage, aveugles que nous sommes,
Cherchant l'ambitieux, nous courbe à ses genoux,
Et fuit l'homme des champs qui s'épuise pour nous.
Utile citoyen, ah ! ma plus douce étude
Sera de te venger de notre ingratitude !
Tu le mérites bien, toi, qui dans mes loisirs
Me donnes de si vrais et de si doux plaisirs.

Eh ! quel charme aujourd'hui que la froide soirée
Du règne du soleil abrège la durée !
Quel charme de s'unir à ces bons villageois
Qu'un d'eux à la veillée appelle sous ses toits !
C'est là qu'au jour obscur d'une lampe enfumée,
Près d'un brasier nourri d'un faisceau de ramée,
Chacun s'assied : les jeux se mêlant aux travaux,
L'un d'une dent nouvelle arme ses vieux rateaux,
L'autre arrondit le van dont la sagesse antique
Fit d'un culte épuré le symbole mystique;
Lycas taille sans art le sceptre des bergers;
Nice, avec plus d'adresse, entre ses doigts légers
Roule l'osier pliant, le façonne en corbeilles,
Ou l'élève en paniers pour ses jeunes abeilles.
Et cependant Boucis, en tournant son fuseau,

Raconte dans un coin l'histoire du hameau;
Dit qu'elle a vu le blé regorger dans les granges;
Que l'Automne donnait de plus riches vendanges,
Que tout est bien changé, les hommes et les temps,
Et que l'on n'aime plus comme dans son printemps.
Lyse à ces derniers mots sourit, et sur Clitandre,
En lui serrant la main, jette un regard plus tendre :
Les autres, tour à tour occupés et distraits,
Demeurent sans oreille à tous ces longs regrets.

Mais sitôt que Baucis, d'un ton de voix plus sombre,
Commence à leur parler d'esprits errans dans l'ombre,
De fantômes, de morts, qui, du fond des tombeaux,
S'allongent dans les airs, traînant d'affreux lambeaux,
Agitent une torche, et de longs cris funèbres,
Et du bruit de leurs fers remplissant les ténèbres,
Croisent le voyageur dans sa route perdu,
Le travail à l'instant demeure suspendu;
Le folâtre tumulte expire, et l'auditoire
Frémit, presse les rangs, et de l'œil suit l'histoire.

Vous riez de leur crainte, hommes de la cité!
Ah! gémissez plutôt de la simplicité
Qui, jusques à la mort prolongeant leur enfance,

POEME.

Aux superstitions les livre sans défense ;
De leur couche innocente approchez, et voyez
Quels tableaux, dans la nuit devant eux déployés,
Assiégent leur sommeil, oppressent leur haleine.

Quoi ! l'homme bienfaiteur, qui féconde la plaine
Dès le jour renaissant jusqu'au jour expiré,
Lorsque dans sa cabane, humblement retiré,
Il espère jouir d'un repos salutaire ;
Quoi ! cet homme, troublé dans sa paix solitaire,
N'entendra retentir que les cris déchirans
Des spectres infernaux et des mânes errans !

Qu'il soit maudit cent fois l'apôtre sacrilége
Qui des morts, le premier, blessant le privilége,
Au nom d'un Dieu vengeur les tira des tombeaux,
Et les montra souillés de sang et de lambeaux.
Ou, s'il voulait du moins que sa noire imposture
Punît l'homme oppresseur et vengeât la nature,
Que ne réservait-il ce salutaire effroi
A ce tyran paré du nom sacré de roi,
Dont les avares mains et les lois homicides
Ecrasent les sujets du fardeau des subsides ?
Oui, voilà le mortel que la voix de l'erreur

Doit, dans l'ombre des nuits, assiéger de terreur.
Qu'alors, près de son lit, un fantôme apparaisse,
Lui montre des enfers la flamme vengeresse,
Et que, le déchirant de remords superflus,
Il lui crie, en fuyant : Tu ne dormiras plus.

L'HIVER.

CHANT DIXIÈME.

DÉCEMBRE.

Sur un char paresseux le soleil tristement
Se lève enveloppé d'un sombre vêtement.
Quelle affreuse pâleur déshonore sa face!
Comme rapidement sa lumière s'efface!
De l'empire des airs n'est-il donc plus le roi?
Qu'a-t-il fait de ses traits? où sont-ils? et pourquoi
Si long-temps à la nuit abandonner son trône?
Est-ce là ce vainqueur que la flamme couronne?
Est-ce lui qui, n'aguère ardent, ambitieux,
Franchissait tous les jours l'immensité des cieux,
De torrens de lumière inondait les campagnes,
Et, dardant ses rayons jusqu'au flanc des montagnes,
Empreignait le rocher de germes créateurs?

Vous, de son feu sacré zélés adorateurs,

Héritiers des Incas, enfans de Zoroastre,
Venez dans notre Europe, et contemplez cet astre
Devant qui, chaque jour, fléchissent vos genoux.
Est-ce là votre dieu? Le reconnaissez-vous?
Vous pâlissez! vos yeux se remplissent de larmes!
Peuples simples et doux je conçois vos alarmes.
En contemplant son front, et livide et glacé,
Vous croyez de la mort votre dieu menacé;
Vous craignez que le ciel, pour venger quelque outrage,
N'aille renouveler cet antique naufrage
Qui, brisant, ruinant le monde primitif,
Dispersa des humains le reste fugitif :
Comme eux vous redoutez d'éternelles ténèbres,
Et remplissez les airs de cris lents et funèbres.

Rassurez-vous; le ciel vous promet sa faveur,
Et vous verrez bientôt naître votre sauveur :
C'est le soleil. Tournez vos regards vers l'aurore :
C'est de là que ce dieu, tout rayonnant encore,
Après deux fois dix jours, de cinq nuits allongés,
Viendra dissiper l'ombre où nous sommes plongés;
Les peuples marcheront à sa vive lumière ;
Il rendra la nature à sa beauté première.
Terre, sois dans la joie; et vous, cieux, tressaillez!

De leurs plus doux trésors les hommes dépouillés
Des présens de Cérès enrichiront leurs granges,
Et seront abreuvés du nectar des vendanges.

Mais trop tôt mes regards vont chercher l'avenir ;
Trop tôt je vous promets celui qui doit venir :
Avant qu'il ait repris son armure éclatante,
Les champs doivent languir dans une longue attente ;
Les vents doivent gronder, les brouillards s'épaissir,
Et la pluie et la neige en glace se durcir.
Ah ! tandis que la glace épargne encor la terre,
Hâtons-nous, prévenons le froid qui la resserre :
D'une race nouvelle allons peupler les bois.

Cent jeunes citoyens s'offrent à notre choix :
Le plane, qui couvrit le banquet de Socrate ;
Le cèdre, antique enfant des rives de l'Euphrate,
Lui de qui les rameaux, dans la nuit allumés,
Eclairaient les palais de flambeaux parfumés ;
Le frêne, qui se plaît à plonger dans l'argile ;
Le tremble murmurant et le hêtre fragile.
Venez, belles ; venez, poètes et guerriers :
Je vais planter pour vous le myrte et les lauriers.
Ombres des morts, sortez du séjour des ténèbres ;

J'élève le cyprès sur vos urnes funèbres.
Que le saule et l'osier embrassent les ruisseaux ;
Ormes, dans les vallons, préparez des berceaux ;
Vous, sapins, qui des mers devez braver la rage,
Apprenez sur les monts à défier l'orage :
Confions à la roche, aux coteaux sablonneux
Le mélèse qui, seul des arbres résineux,
Peu jaloux de sa feuille à l'hiver l'abandonne,
Et le chêne surtout, vieux prophète à Dodone.

Qu'il soit de nos forêts le premier ornement :
Sa taille, sa vigueur, son épais vêtement,
Sur tous nos végétaux lui méritent l'empire.
Tandis qu'autour de lui tout passe, tout expire,
Lui, déployant toujours des rameaux plus altiers,
Résiste, inébranlable, à des siècles entiers,
Des dieux toujours vivans noble et frappante image.

Français, respectez donc cet annuel hommage
Qu'au retour des hivers, sur un autel sacré,
Vos ancêtres payaient à cet arbre adoré.
Quels chants, quels cris de joie annonçaient cette fête !

Aussitôt que des bois le jour dorait le faîte,

Peuples, prêtres et grands marchaient au son du cor
Vers la forêt que Dreux à ses pieds voit encor.
Tableau majestueux ! Nos poètes antiques,
Les bardes, en trois chœurs, entonnaient des cantiques ;
Et, noblement vêtus de longs habits flottans,
Conduisaient deux taureaux de blancheur éclatans.
Trois vieillards les suivaient : dans sa main vénérée
L'un portait un vaisseau rempli d'une eau sacrée ;
L'autre, le pur froment pétri pour les autels ;
Le dernier, aux regards des coupables mortels
Présentait cette main qui, du pouvoir suprême,
Dans l'empire des lis est le royal emblême.
Près de leur chef armé d'une serpette d'or,
Les druides sonnaient de la trompe et du cor,
Et le peuple à grands flots fermait la marche sainte.
Chênes, qui décoriez cette sauvage enceinte,
Leurs yeux sur vous fixés cherchaient avidement
Le gui, de vos rameaux parasite ornement,
Certains que le pouvoir d'Hésus et de Mercure
Attachait le bonheur à cette plante obscure.
Frappait-elle leurs yeux, tout à coup mille voix
Remplissaient d'un seul cri la profondeur des bois.

Cependant, le respect ramenant le silence,

La serpette à la main, le grand-prêtre s'élance,
Adore et fait tomber le céleste présent,
Déjà sur un autel à tous les yeux présent.
« Grands dieux ! s'écrie alors le pontife-monarque,
« Grands dieux ! de vos bontés nous adorons la marque.
« Que ce fruit, sous nos toits, saintement transporté,
« En écarte l'horreur de la stérilité ;
« Que l'hymen vénérable, amoureux de ses chaînes,
« Surpasse en rejetons les rameaux de nos chênes,
« Et que leurs troncs noueux, tous les ans plus épais,
« Vieillissent avec nous dans une longue paix. »
Il se tait, et poursuit les augustes mystères.

Tels furent nos aïeux dans leurs bois solitaires.
Ah ! pourquoi fallait-il que le sang des mortels,
Pour honorer Hésus, coulât sur les autels ?
Qu'il soit béni le Dieu dont le bras secourable
A purgé nos climats de ce culte exécrable !
Mais, en ouvrant ton sein à de plus douces lois,
O France ! tu devais hériter des Gaulois
Un peu de leur respect pour leurs temples agrestes.
Trop oublieux d'un sang dont nous sommes les restes,
Nous avons abattu, sous nos coups imprudens,
Des bois que pleureront nos derniers descendans.

POEME.

Où trouver en effet des chênes dont la tête
Ait bravé deux cents ans l'effort de la tempête ?
Nos forêts n'offrent plus qu'un aride coup d'œil ;
Et Compiègne et Crécy gémissent sous le deuil.

Lieux chéris des neuf Sœurs, délicieuse enceinte
Où long-temps de Budé s'égara l'ombre sainte ;
Fontaine, à qui le nom de cet homme fameux
Semblait promettre, hélas ! un destin plus heureux,
J'ai vu, sous le tranchant de la hache acérée,
J'ai vu périr l'honneur de ta rive sacrée !
Tes chênes sont tombés, tes ormeaux ne sont plus !
Sur leur front jeune encor, trois siècles révolus
N'ont pu du fer impie arrêter l'avarice :
D'épines aujourd'hui ta grotte se hérisse ;
Ton eau, jadis si pure, et qui de mille fleurs
Dans son cours sinueux nourrissait les couleurs,
Ton eau se perd sans gloire au sein d'un marécage.
Fuyez, tendres oiseaux, enfans de ce bocage ;
Fuyez : l'aspect hideux des ronces, des buissons,
Flétrirait la gaîté de vos douces chansons.
Vous, bergers innocens ; vous, qui dans ces retraites
Cachiez les doux transports de vos ardeurs secrètes ;
Oh ! comme votre amour déplore ces beaux lieux !

De vos rivaux jaloux comment tromper les yeux?
Et moi qui, mollement étendu sur la mousse,
M'enivrais quelquefois d'une extase si douce,
Hélas ! je n'irai plus y cadencer des vers !
Il faudra que j'oublie et ces ombrages verts
Et la grotte où du jour je bravais les outrages.

Qu'ai-je dit, insensé? Quoi, je parle d'ombrages,
Et le démon du Nord rugit autour de moi !
Profondément plongé dans un muet effroi,
J'ose à peine écouter ses sifflemens terribles,
Par le calme des nuits devenus plus horribles.
Quel fracas! Quel tumulte ! A ses coups redoublés,
Mes champêtres lambris gémissent ébranlés.
Ennemi du soleil, dont l'aile me protége,
Il agite ma couche; et son fougueux cortége,
L'Eurus et les autans, par un commun assaut,
Me battant à grand bruit, m'éveillent en sursaut.
Mon âme, trop long-temps de préjugés nourrie,
Croit entendre les morts : je pâlis, je m'écrie,
J'appelle ma raison contre ma folle erreur;
Et je parviens à peine à dompter ma terreur.

Nuit sombre : mais quel jour plus sombre lui succède!

POEME.

Qu'il est faible, incertain ! quelle vapeur l'obsède !
Froide et contagieuse, elle monte en flottant,
Et, comme un fleuve impur, s'épaissit et s'étend.
Je ne vois plus des monts l'inégale surface ;
Plaines, fleuves, cités, tout s'éteint, tout s'efface.
Je ressemble au mortel qui, loin du jour, languit
Dans ces cachots voisins de l'éternelle nuit.
Mon front est sans couleur, ma tête est affaissée;
Et, la mélancolie attristant ma pensée,
Je ne sens dans mon cœur, vide de tous désirs,
Ni l'amour des beaux-arts, ni le goût des plaisirs :
Ma triste voix s'exhale en regrets inutiles.
Où sont-ils ces coteaux que j'ai vus si fertiles?
Où sont-ils ces vallons si rians à mes yeux ?
Printemps, quand viendras-tu rasséréner les cieux?

Je l'attendrai long-temps. L'Hiver règne; et la neige,
Suspendue en rochers dans les airs qu'elle assiège,
Oppose aux feux du jour sa grisâtre épaisseur :
De sa chute prochaine un calme précurseur
S'est emparé des airs; ils dorment en silence.
La nuit vient : l'aquilon d'un vol bruyant s'élance,
Et, déchirant la nue où pesait enfermé
Cet océan nouveau goutte à goutte formé,

La neige, au gré des vents, comme une épaisse laine,
Voltige à gros flocons, tombe, couvre la plaine;
Déguise la hauteur des chênes, des ormeaux,
Et confond les vallons, les chemins, les hameaux;
Les monts ont disparu : leur vaste amphithéâtre
S'abaisse; tout a pris un vêtement d'albâtre.

Ah! plaignons le mortel qui, dans ce triste jour,
Contraint de s'avancer vers un lointain séjour,
Ne reconnaissant plus ni coteau, ni prairie,
Traîne un pas égaré sur la neige qui crie;
Ses pieds en vains efforts consument leur vigueur;
Haletant, il s'arrête; et, vaincu de langueur,
Maudit une contrée où le regard n'embrasse
Qu'un informe désert sans hospice et sans trace.
Bientôt le jour plus faible ajoute à ses ennuis :
L'ombre fond sur la terre, et la reine des nuits
A voilé son croissant de nuages funèbres.
Que fera-t-il alors perdu dans les ténèbres,
Craignant à chaque pas et les marais trompeurs,
Et les étangs couverts d'un amas de vapeurs?
Le cœur serré d'angoisse, il s'étend sur la plaine;
Là, sans couleur, sans force et presque sans haleine,
Il murmure tout bas, dans un long désespoir,

Le tendre nom d'un fils qu'il ne doit plus revoir.
Mais c'en est fait. Déjà ses esprits s'engourdissent ;
Son sang ne coule plus ; ses membres se roidissent ;
Ses yeux, las de s'ouvrir, se ferment ; il s'endort :
Invincible sommeil qui s'unit à la mort.

Vous les soupçonnez peu ces rigueurs de l'année,
Vous, riches citadins ; vous, troupe fortunée
Qui, vous environnant de plaisirs et de jeux,
Insultez de l'Hiver le génie orageux ;
Une douce chaleur de vos foyers l'exile,
Quand, sous ces mêmes toits, Flore trouve un asile :
Là, vous réalisez la fable de ces temps,
Où l'homme jouissait d'un éternel printemps.

Eh ! qui, sous des lambris ornés par la peinture,
De sites où se plaît la riante nature,
De coteaux verdoyans, de ruisseaux argentés,
D'aurores, de beaux soirs dans les eaux répétés,
Et du jour que la nuit emprunte à chaque étoile,
Jour charmant, par Vernet embelli sur la toile ;
Répondez, qui de vous, dans ces salons dorés,
Où de fleurs, de rubis, de perles décorés,
Au doux bruit des concerts dont s'anime la danse,

La jeunesse et l'amour folâtrent en cadence,
Qui de vous oserait, sybarite orgueilleux,
Des rigueurs de l'Hiver faire un reproche aux dieux?
Dans le sein du bonheur le murmure est un crime.

Qu'il se plaigne celui que l'indigence opprime ;
C'est pour lui que l'Hiver est âpre et sans pitié.
Sous un toit ruineux qui les couvre à moitié,
Voyez transis de froid, languir sans nourriture,
Ceux qui dans vos sillons fécondaient la nature.
Eh quoi donc ! leurs sueurs, les efforts de leurs bras,
N'auraient-ils fait de vous que de riches ingrats?
Non, non ; par des bienfaits montrez-vous équitables,
Que l'or prenne en vos mains des ailes charitables,
Qu'il cherche l'indigent, et que dans vos hameaux,
L'appelant au travail, il soulage ses maux.

Naguères je voyais près des champs où l'Aronde
Et l'Aisne au sein de l'Oise engloutissent leur onde,
Je voyais un mortel qui, sage autant qu'humain,
Voulant qu'à ses labeurs le pauvre dût son pain,
Tous les ans, quand le Nord déchaîne sa furie,
D'un peuple de vassaux soudoyait l'industrie.
Femmes, vieillards, enfans, vous tous qui lui devez

Et vos champs agrandis et vos toits relevés,
Dites-nous quels travaux remplissaient vos journées.
En des plaines, jadis par Cérès couronnées,
Alliez-vous, pour loger ce maître fastueux,
Creuser les fondemens d'un château somptueux?
Avez-vous enfermé, dans un parc inutile,
Un beau sol que Bacchus pouvait rendre fertile?
Ah! chez lui rien n'insulte à votre pauvreté.

Ami, dans tous ses goûts, de la simplicité,
Il ennoblit son or par d'utiles ouvrages.
Les chemins aplanis, et riches en ombrages,
Des remparts de Compiègne ont rapproché vos fruits,
Vos portiques sacrés que l'âge avait détruits,
Doux asile où cent fois votre âme désolée
Sous les regards d'un dieu respira consolée;
Eh bien! à vos soupirs ils sont encore ouverts.
Cette onde, qui jadis par cent détours divers
Sur un terrain fangeux se traînait incertaine,
Ruisseau pur maintenant et limpide fontaine,
Là, pour vous d'une grotte habite le repos;
Ici, dans un canal, roule pour vos troupeaux.
Sans lui ce marécage, autrefois le repaire
Où se gonflait l'insecte, où sifflait la vipère,

Autour de vous encore infecterait les airs.
Sans lui, ne croîtrait point sur vos coteaux déserts
L'arbre qui, transplanté du neustrien rivage,
De ses fruits, sous la meule, épanche un doux breuvage.

Et toi, de qui César hérissa la hauteur
D'un camp où reposait son aigle observateur ;
Toi qui, né dans la mer, à l'homme, qui te fouille,
Etales des requins la tranchante dépouille,
Mont qui me fus si cher, retraite où les neuf Sœurs
Me firent savourer leurs premières douceurs,
Dis-nous comment, enfin, dompté par la culture,
Aux troupeaux étonnés tu donnes leur pâture;
Cependant qu'en berceau des ormes arrondis
Repoussent le soleil qui te brûlait jadis !
Que tous ces monumens, respectés d'âge en âge,
Rendent à leur auteur un sacré témoignage ;
Et qu'en les contemplant, le vieillard attendri
Ajoute : Ils m'ont donné le pain qui m'a nourri !

Mais, tandis que la neige au fond d'une chaumière
Relègue l'indigent, le char de la lumière
Roule, touche au solstice, et la plus longue nuit,
Pour douze mois entiers, sous la terre s'enfuit.

Une pâle lueur a blanchi l'empyrée.
Enfant du ciel, rends-nous ta présence sacrée ;
Dévoile à nos regards ton front resplendissant,
Parais, et sois le dieu du monde renaissant !

Il a paru : déjà, les mains vers lui levées,
Par mille cris joyeux, les nations sauvées,
Du pied de leurs autels le saluant en chœur,
De la jalouse nuit le proclament vainqueur.

Triomphe du soleil, triomphe mémorable,
Qui, dans tous les climats embelli par la fable,
Et, sous des noms divers d'âge en âge porté,
Par l'Europe et l'Asie est encore chanté !
Le Nil du roi des ans attestait la puissance,
Alors que d'Harpocrate il fêtait la naissance.
Oromaze, ce dieu des antiques Persans,
Ce dieu, père du bien, lui dont les traits perçans
De la nuit et du mal vainquirent le génie,
Et qui dans l'univers rétablit l'harmonie,
Ne figurait-il point le monarque du jour,
Réparateur des maux du terrestre séjour?
Et ce maître des dieux, dont le bruyant tonnerre
Châtia la fureur des enfans de la terre,

Quand ces Titans, au jour de leur rébellion,
Sur l'Olympe entassaient l'Ossa, le Pélion,
N'est-il pas du soleil l'histoire symbolique?
Et nous-même, aujourd'hui que de sa route oblique
Cet astre atteint la borne et revient sur ses pas,
Dans les remparts de Dreux ne célébrons-nous pas
L'époque solennelle où de l'humaine race
Le soleil qui renaît console la disgrâce?

Que nous dit en effet ce long cri répété
Dont tous les Drusiens remplissent leur cité?
Qu'enseignent les brandons qui, dans cette nuit sainte,
De la place publique ont éclairé l'enceinte,
Et qui brûlent enfin dressés sur les tombeaux?
Ainsi qu'aux premiers temps, tous ces mille flambeaux
Des rayons du soleil sont le mystique emblème.
Ces cris proclament l'heure où l'Hercule suprême
De son courage éteint, ressuscitant l'ardeur,
Va rendre aux jours plus longs leur première splendeur.

C'est par des feux encore où se peint son image
Qu'il reçoit du Cathay le solennel hommage.
Dès qu'arrive l'année à sa dernière nuit,
De lampes, de flambeaux, tout l'empire reluit;

Et de chaque maison, la porte illuminée,
Se pare de ces mots : AU VRAI ROI DE L'ANNÉE.

Ce roi n'ose pourtant, jeune et trop faible encor,
Environner son front de tous ses rayons d'or :
De quelques traits de flamme à peine il se couronne.
Vingt rivaux en fureur lui disputent son trône ;
L'enfant du Nord l'assiége, et le démon des eaux
Menace d'abimer la terre sous les flots.
Il s'avance ; il descend chargé d'une urne immense :
Sa main l'ouvre à grand bruit; et sur l'an qui commence
Renversant tout entier ce dépôt des hivers,
L'ouragan pluvieux en couvre l'univers.
Le ciel fond en torrent, qui, du haut des montagnes,
Ecumant et grondant, s'étend sur les campagnes :
Tout est mer. Dans son sein les arbres entassés,
Et les hameaux détruits et les ponts fracassés,
Roulent, et des humains, emportés par l'orage,
Brisant les corps meurtris, avancent leur naufrage.

Dieux ! nous ramenez-vous à ces temps désastreux
Où, jaloux l'un de l'autre et se heurtant entre eux,
Les élémens, conduits par un fougueux génie,
De la terre et des cieux rompirent l'harmonie;

Firent craindre au soleil une éternelle nuit,
Et, déchaînant les eaux sur le globe détruit,
De l'homme en cent climats engloutirent la race?
Hélas! au seul penser de ces jours de disgrâce,
Mon sang glacé s'arrête ; et ma lyre sans voix,
De larmes arrosée, échappe de mes doigts.

Muse! reprends ta lyre ; et, sans vouloir connaître
De quel pouvoir secret ce désordre a pu naître,
Graves-en dans tes vers la ténébreuse horreur ;
Dis comment de son lit l'Océan en fureur
S'élança sur la terre et la couvrit d'abîmes.
Des monts voisins du ciel il inonde les cimes,
Les fracasse; et, s'ouvrant un passage en leur sein,
Pour de nouvelles mers creuse un nouveau bassin.

Bientôt à l'Océan, qui roule sans rivages,
Tous les torrens des airs unissent leurs ravages.
La terre tonne, tremble ; et ses flancs caverneux
Sans cesse vomissant des flots bitumineux,
L'homme égaré, perdu dans le brouillard de soufre
Que ces fleuves de lave exhalaient de leur gouffre,
L'homme, de mille morts à la fois investi,
Dans les feux, dans les eaux périssait englouti.

Par degrés cependant l'onde moins courroucée
Décroît, et dans son lit rentre enfin repoussée.
La flamme des volcans s'assoupit et s'endort.
Mais, hélas! des humains échappés à la mort
Quel fut le désespoir, quand, du haut des montagnes
Jetant un regard sombre au loin sur les campagnes,
Ils virent leur séjour, autrefois si riant,
Désert, et, dans le deuil d'un silence effrayant,
N'offrant de toutes parts qu'un long marais immonde
Où semblait expirer l'astre pâle du monde?
Nous peindrons-nous jamais leur état douloureux,
Nous qui, chéris du ciel, coulons des jours heureux;
Nous qui formons à peine un désir inutile,
Qui moissonnons en paix une terre fertile,
Et pour qui le soleil, de la nature ami,
Marche d'un pas égal dans sa route affermi?
C'est en vain que sur nous l'Hiver fond en orages;
Ses bienfaits ont bientôt réparé les naufrages.
Oui, mortels, quand ce dieu, signalant son pouvoir,
Des trésors de la pluie ouvre le réservoir,
Cette chute des eaux est encor salutaire :
Le fleuve s'en nourrit pour féconder la terre.

Au temps de ma jeunesse, avant qu'à ma raison

L'étude eût découvert un plus vaste horizon,
Tandis que du soleil la lumière voilée
Laissait régner la nuit sous la voûte étoilée,
Et tandis que la pluie enflait de ses torrens
Les fleuves écumeux et sur la plaine errans,
Librement prisonnier d'un réduit taciturne,
Je veillais aux lueurs d'une lampe nocturne ;
J'interrogeais l'auteur de tous ces mouvemens,
Je demandais raison du choc des élémens ;
Pourquoi l'année expire, et l'éther nous assiége
De frimas, de brouillards et de pluie et de neige ;
Pourquoi ces aquilons, cortége des hivers,
Et ces monts dont la chaîne embrasse l'univers.

Lassé de ces pensers où mon esprit se plonge,
Je m'endors : tout à coup, enfanté par un songe,
Un colosse imposant apparut à mes yeux :
Couronné de soleils, son front touchait aux cieux ;
Les saisons l'entouraient : par des routes certaines,
Serpentaient dans son corps les lacs et les fontaines ;
Sept couleurs à la fois nuançaient ses habits ;
Son sceptre brillait d'or, de saphirs, de rubis ;
Un long voile azuré lui servait de ceinture :
Mon œil, à tous ces traits, reconnut la Nature.

« Ton esprit, me dit-elle, ami des vérités,
« Demande à quel dessein, loin des mers emportés,
« S'étendent ces frimas, ces brouillards et ces nues.
« Suis-moi ; je vais t'ouvrir des routes inconnues :
« Mes secrets aujourd'hui te seront dévoilés. »
Elle dit ; et soudain aux lambris étoilés,
Sur les ailes des vents la déesse m'enlève.

C'était l'heure propice où le soleil se lève.
Alors la déité, par un charme puissant,
Arma mes faibles yeux d'un regard plus perçant ;
Et dans tous ses climats me présentant la terre :
« Contemple tous les monts que ta planète enserre,
« Dit-elle ; vois ces rocs qu'Annibal a franchis ;
« Les sommets riphéens de longs frimas blanchis ;
« Le Taurus au Tartare opposant des barrières ;
« Le Caucase, berceau de cent hordes guerrières ;
« L'Olympe, d'où la fable a fait tonner ses dieux ;
« L'Atlas, qu'elle chargeait de tous le poids des cieux ;
« L'Ararat, où cent fois, d'une antique disgrâce,
« Le crédule vulgaire alla chercher la trace ;
« Les rochers de Goyame et les monts de Luna ;
« Les Andes, que l'Europe à son sceptre enchaîna ;
« Enfin du globe entier les hauteurs primitives :

« Eh bien! sans ces hauteurs, les ondes fugitives
« Qui, par mille détours, de climats en climats,
« Portent aux nations le tribut des frimas,
« Jamais dans un canal, en fleuve rassemblées,
« N'auraient donné la vie aux stériles vallées.
« Ce globe n'eût offert que marais croupissans :
« Mais j'élevai les monts, je fis souffler les vents,
« Et les vents, au sommet des montagnes chenues,
« Précipitent l'amas des vapeurs et des nues ;
« Là, leurs flots, chaque jour goutte à goutte filtrés,
« De tuyaux en tuyaux distillent épurés.

« Voudrais-tu contempler dans le flanc des collines
« Le pénible travail de ces eaux cristallines ?
« Tourne les yeux : ces monts t'ouvrent leur vaste sein.
« Vois ici le rocher s'élargir en bassin ;
« Là, prendre d'un siphon la forme recourbée ;
« Plus bas, céder la place à la craie imbibée,
« A des couches d'argile, aux sables, aux cailloux :
« L'onde y coule, y serpente en filets purs et doux,
« Bientôt, au pied du mont, sur le gravier reçue,
« Vers la clarté du jour elle cherche une issue.
« Ses liens sont brisés ; mais, humble à son berceau,
« Le fleuve encor timide est à peine un ruisseau ;

« Cependant roi futur, il roule ; et sa puissance
« Déjà fait oublier son obscure naissance.

« Admire-les, ces rois de l'humide élément ;
« Le Gange où l'Indien plongé stupidement
« En l'honneur de Brama voudrait finir sa course ;
« L'Yrtis impatient de voir les feux de l'Ourse ;
« Le Volga, vaste mer, tributaire des czars ;
« La Seine, dont les bords, embellis par les arts,
« Font envier leur gloire à la fière Tamise ;
« La Saône, tendre amante à son époux soumise ;
« Le Rhône, cet époux qui l'entraine en grondant,
« Et brise sur des rocs son orgueil imprudent ;
« La Loire dont les eaux, captives sans contrainte,
« Se creusent chaque année un nouveau labyrinthe ;
« Le Tibre qui, déchu de ses antiques droits,
« Veut quelquefois encore intimider les rois ;
« Le Nil, le Sénégal et l'immense Amazone,
« Trompant l'aridité de la brûlante zone ;
« Tous, fleuves bienfaiteurs, que doit cet univers
« Aux nuages, aux vents, sombres fils des hivers.

Elle dit : je m'éveille ; et ma raison plus sage,
De l'Hiver, tous les ans, a béni le passage.

CHANT ONZIÈME.

JANVIER.

Janus règne ; et tandis qu'un solennel usage,
D'un masque de douceur couvrant chaque visage,
Sans ordre fait mouvoir la foule des humains,
Rassemble mille dons, les verse à pleines mains,
Exhale en faux sermens une voix mensongère,
Et rend la vérité parmi nous étrangère ;
Moi, dans l'obscure paix d'un loisir studieux,
Sur l'an qui nous a fui je reporte les yeux :
De sa vélocité je me plains à moi-même.
Ces jours, que j'avais crus d'une lenteur extrême,
Long-temps avant le terme où commença leur cours,
Que je les ai trouvés et rapides et courts !
Oui, lorsque agent secret de la Mort qu'il devance,
Du fond de l'avenir le Temps vers nous s'avance,
Nous ne voyons en lui qu'un vieillard impuissant,
Qui, décrépit, courbé, traîne un pas languissant ;

Ses ailes, sur son dos, tantôt sont repliées,
Tantôt, autour de lui, pendent humiliées :
Arrive-t-il à nous : qu'il est prompt et léger !
Comme il fuit ! D'un oiseau c'est le vol passager.

« Eh ! pourquoi, me répond le chantre d'Épicure,
« Pourquoi te plaindre ? En vain l'indulgente Nature,
« Du Temps, en ta faveur, ralentirait le pas ;
« Poussière ambitieuse et promise au trépas,
« Que verrais-tu de plus ? rien de nouveau, te dis-je :
« Tes jours vont désormais s'écouler sans prodige.
« Sur d'antiques tableaux ton œil doit revenir ;
« Soumets-toi : le passé t'a prédit l'avenir. »

Hélas, je le sais trop : oui, dans un cercle immense,
De maux liés entre eux, l'an roule et recommence.
C'est peu qu'un air impur, l'ouragan, les frimas,
Fidèles aux saisons, désolent nos climats ;
Que la mer, pour briser le frein de l'esclavage,
Mutine tous ses flots, tourmente son rivage ;
Que la guerre, la peste et cent fléaux divers,
De pleurs, de cris, de sang remplissent l'univers ;
Il faut revoir la fraude épier l'innocence ;
La mollesse des rois avilir leur puissance ;

Des ministres, ligués pour les concussions,
Vendre à des publicains le sang des nations ;
La loi ramper muette, et l'adroit fanatisme,
Pour régner avec lui, flatter le despotisme.
Mais les biens, les plaisirs que nous avons perdus,
Possédés un moment, nous seront-ils rendus ?
Comment la recouvrer cette santé fragile,
Trésor que nous portons en des vases d'argile ?
O Dieu ! je touche à peine à ma virilité,
Et dans tous ses canaux déjà moins agité,
Mon sang, comme à regret, y fait couler la vie.
Pour moi, d'un jour moins pur chaque nuit est suivie.
Je sens que, par degrés, il faut perdre ce goût,
Cette amoureuse ardeur qui m'attachait à tout.
La gloire que j'aimais, quoique ingrate et rebelle,
La gloire à mon désir ne semble plus si belle :
Si j'en pouvais encore idolâtrer l'erreur,
Le tourment de ma vie en ferait le bonheur.

Et toi qui, te livrant au joug d'une maîtresse,
Lui donnas de ton cœur la première tendresse ;
Toi qui, sans le savoir, lui prêtais des appas,
Et même des vertus qu'elle ne connaît pas ;
Aujourd'hui que tes feux, trahis par l'infidèle,

Dans ton cœur détrompé meurent enfin loin d'elle,
Jeune homme, ne crois point la remplacer un jour :
On ne sent point deux fois l'ivresse de l'amour.

Plus malheureux l'ami qui, sans expérience,
A des amis trompeurs livra sa confiance !
Les lâches, avec art couverts d'un voile épais,
Lui préparaient la guerre, et lui parlaient de paix.
Ah ! si des trahisons il a vu la plus noire,
Comment à l'amitié, comment pourra-t-il croire ?
Dans un monde insensible, où sa douleur se perd,
Il erre ; il va criant, ainsi qu'en un désert :
« Personne n'est à moi, je ne suis à personne. »

Vous enfin, quand la Mort sans pitié vous moissonne,
Grands hommes, purs esprits, les chefs-d'œuvre d'un Dieu,
Qui peut vous remplacer, Linné, Haller, Jussieu,
Voltaire, et toi surtout, l'émule de Socrate,
Comme lui méconnu de ta patrie ingrate,
Rousseau ? La même année a terminé vos jours,
Et nous pleurons sur vous pour vous pleurer toujours.

Que dis-je ? ô de mon siècle éternelle infamie !
L'hydre du fanatisme..........................

....
....

Où repose un grand homme un Dieu vient habiter.

Tu me l'as fait sentir, j'ose t'en attester,
Ile des Peupliers, toi qui m'as vu descendre
Te demandant Rousseau dont tu gardes la cendre.

Oh ! comme à ton aspect s'émurent tous mes sens !
Quelle douleur muette étouffa mes accens !
Combien je vénérai, combien me parut sainte
L'ombre des verts rameaux qui bordent ton enceinte !
Cette île était un temple ; et de mes tristes yeux
Tandis que s'échappaient des pleurs religieux,
Rousseau, je crus, penché sur ton urne paisible,
Sentir de la vertu la présence invisible.
Je crus ouïr ta voix ; du fond de ton cercueil,
Ta voix de l'amitié m'offrait le doux accueil.

A la tombe champêtre accourez donc sans nombre,
Vous, enfans, qu'il aima ; ne craignez point son ombre ;
Approchez, folâtrez sous ces arbres naissans :
Il va sourire encore à vos jeux innocens.
Et vous que le génie élève au ministère
De flétrir l'imposture et d'éclairer la terre,
Sages, jurez ici qu'armés contre l'erreur,
Vous mourrez, s'il le faut, martyrs de sa fureur.
De ce beau dévoûment Rousseau fut le modèle :
A sa noble devise il expira fidèle.
Je vous appelle aussi, peuples, et vous, bons rois,
Dont il a révélé les devoirs et les droits ;
Les tyrans sont connus ; ils tremblent sur le trône·

Donc à son monument appendez la couronne
Qu'au sauveur d'un Romain décernaient les Romains
Rousseau du despotisme a sauvé les humains.

Mais de ses ennemis le flot bruyant approche.
Eh bien! tous à la fois, vomissant le reproche,
Profanez de la mort le silence éternel ;
J'attendais l'injustice à ce jour solennel.
A-t-il, pour s'agrandir, armé la calomnie?
A des soins intrigans ravalé son génie?
Il ne mandia point la gloire ; il la conquit.
Qui le dira jaloux? Qu'a-t-il fait? Qu'a-t-il dit?
Qui de vous l'a surpris des modernes Orphées
En secret dégradant et minant les trophées?
D'un vieillard qui le hait, du Sophocle français,
Au fond de sa retraite il entend le succès,
Il l'entend ; et ses yeux en ont pleuré de joie.

Voilà cette âme grande! Et l'on veut que je croie
Qu'ingrate elle payait de haine un bienfaiteur!
Taisez-vous. Si, peu fait au métier de flatteur,
Il refuse aux bienfaits d'ouvrir sa solitude,
Le refus des bienfaits n'est point l'ingratitude;
Non, non ; c'est la vertu qui, s'armant de fierté,

Contre l'or corrupteur défend sa liberté.
Ce fut la liberté qui fit son éloquence.

Mais ce qui de Rousseau dira mieux l'innocence,
C'est la profonde paix qui couronne sa fin :
Méchant, serait-il mort avec ce front serein?
Sans trouble, résignant ses jours à la nature :
« Laissez-moi voir encor cette belle verdure,
« Dit-il ; sur moi jamais un si beau jour n'a lui;
Je vois Dieu; je l'entends; ce Dieu m'appelle à lui. »
Il expire; et trois jours, sur cette cendre éteinte,
De la gloire du juste a rayonné l'empreinte.

O toi, dont l'indulgence encourageait mes chants
Qui te disaient la paix et le bonheur des champs,
Grand homme, dont j'allais admirer la vieillesse
Malheureuse en silence, et fière avec simplesse!
Ah! si, dans le repos où t'a placé la mort,
Tu peux être sensible à mon pieux transport!
S'il peut te souvenir quel amour pur et tendre
M'attachait aux conseils que tu me fis entendre,
Garantis-moi des mœurs d'un siècle criminel,
Entends surtout la voix de mon cœur paternel.
Que ma fille, naguère arrivée à la vie,

Ait un jour les vertus dont tu paras Sophie :
Qu'elle trouve un Emile, et que, tous deux s'aimant,
De mes cheveux blanchis tous deux soient l'ornement.

Comme lui toutefois, au bout de la carrière,
Voulons-nous sans remords regarder en arrière,
Dans un repos honteux n'allons pas avilir
Des jours que les travaux peuvent seuls ennoblir.
Imitons la nature active et bienfaisante :
A nos divers besoins incessamment présente,
Sans relâche elle agit même au sein des hivers.
Nos regards, je le sais, à peine encore ouverts,
Ne peuvent contempler sa main lente et secrète.
Que dis-je? Trop de fois, d'une bouche indiscrète,
Nous osons, fils ingrats, l'accuser de rigueur.
« Ces plaines, dont la glace enchaîne la vigueur,
« Devraient bien, disons-nous, exemptes de froidure,
« D'un éternel printemps conserver la verdure. »

Hardis réformateurs d'un globe où vous rampez,
Vos sublimes projets ne seront point trompés.
La nature, un instant à vos désirs fidèle,
Va suspendre les lois que tout a reçu d'elle :
Voilà sous les Gémeaux le soleil arrêté.

L'hiver, qui chagrinait votre orgueil révolté,
Désormais vous épargne ; et la flamme éthérée,
Abrégeant de la nuit la trop longue durée,
Sur vous laisse reluire un ciel toujours serein.
L'aquilon, dans les flancs d'un profond souterrain,
S'assoupit ; le zéphyr souffle seul et murmure :
Il conserve aux forêts leur épaisse ramure,
Et sans cesse les fleurs émaillent le gazon :
Vous êtes satisfaits ? Mais la verte saison
N'amène ni le temps propice à la semence,
Ni les jours nourriciers où la moisson commence.
Bien loin de rajeunir, la terre tous les ans
S'épuise, et par degrés amoindrit ses présens.
Elle demande en vain ces vapeurs et ces ondes
Qui jadis ranimaient ses entrailles fécondes.
Hélas ! trop tempéré, le pur flambeau du jour
Ne peut les enlever au liquide séjour.
Les fleuves, tristement renversés sur leurs urnes,
Dans leurs lits desséchés expirent taciturnes !
Leurs bords, mourant de soif, ne sont plus abreuvés ;
Le commerce languit, et ses bras énervés
Dorment, silencieux, sur la rame inutile.

Osez donc, ô mortels, dans votre orgueil futile,

Osez vous plaindre encor de ces légers revers,
Qu'amène tous les ans le retour des hivers?
Ah! plutôt que la voix de la reconnaissance
De ces jours bienfaisans chante la renaissance;
A mes esprits vaincus ils rendront la vigueur.
Je les attends : mon luth bénira leur rigueur.

Mes vœux sont exaucés. L'air devenu paisible
Se resserre; et sur nous, comme un trait invisible,
La gelée a dardé ses piquans aiguillons;
Elle change en cailloux la glèbe des sillons,
Et, durcissant des eaux la mobile surface,
Tient les fleuves captifs sous des voûtes de glace.
Jours brillans des frimas, ornement des hivers,
De quel subit éclat vous parez l'univers!
Oh! comme de la nuit vous diaprez les voiles!
Comme vous épurez les rayons des étoiles!
Astres dont le regard, ami des matelots,
Marque en lettres de feu leur route sur les flots,
Pléiades, Orion, et toi, nymphe fameuse,
Qui jamais ne descends dans la mer écumeuse,
Mère de Lycaon, alors, plus sûrement,
L'homme éclairé par vous lit dans le firmament!
Si je parcours des bois la sauvage étendue,

La glace à leurs rameaux rayonne suspendue ;
Je vois, dans le cristal de ces prismes brillans,
Se jouer du soleil les feux étincelans.
Je me crois transporté sur ces rives lointaines
Où l'or pur enrichit le sable des fontaines :
Partout le diamant s'offre à mon œil surpris,
Et la terre se peint des couleurs de l'iris.

Belles, ces jours piquans vous servent mieux encore ;
D'un incarnat plus vif votre teint se décore,
Votre regard s'enflamme ; il nous parle d'amour ;
Il donne aux doux plaisirs le signal du retour.

Dirai-je cependant que ces mêmes journées
Dans le mois de Janus, tous les ans ramenées,
D'une nouvelle audace arment le scélérat ?
Qu'alors le fils impie et le sujet ingrat
Signalent plus souvent leur tragique furie,
Et d'attentats nouveaux étonnent la patrie ?
Par l'aiguillon du froid leurs esprits tourmentés
Courent impétueux ; et leurs nerfs irrités,
Précipitant leurs bras impatiens de rage,
Poussent aux grands forfaits leur féroce courage ;
La nature et le trône, hélas ! n'ont plus de droits :

A ces hommes de sang, dieux! cachez les bons rois!
Aux peuples orphelins, dieux? épargnez des larmes!

L'Hiver sur nous encor répand d'autres alarmes.
L'Hiver, du fond des bois, en troupeaux affamés,
Chasse, altérés de sang et d'audace enflammés,
Tous ces loups qui, naguère enfoncés sous des roches,
Et de l'homme et du jour redoutaient les approches.
Comme un torrent fougueux, d'écume blanchissant,
Roule de roc en roc, retombe en bondissant,
Déracine les ponts, les brise et les entraîne;
Tels, du haut Appenin et des monts de Pyrène,
Descendent, en hurlant, ces monstres des forêts.
Leur hideux bataillon, traversant les guérets,
Y surprend le coursier, le renverse et l'égorge;
Le fier taureau, saisi par sa flottante gorge,
De ses dards recourbés bat les airs vainement;
Il tombe : il fait ouïr son dernier meuglement.
Jusque dans les hameaux, la faim impérieuse
Emporte quelquefois leur troupe furieuse.
A la mère plaintive ils arrachent l'enfant;
L'homme, oui, l'homme contre eux sans succès se défend;
Son front, où de ses droits la noblesse est empreinte,
A ce peuple assassin n'inspire plus de crainte.

L'intrépide animal se présente au combat,
Lutte, et brise le fer et l'homme qu'il abat.
La nuit n'a point calmé la faim qui les tourmente :
Du carnage du jour leur gueule encor fumante
Hurle, et, cherchant les morts dans le champ des tombeaux,
Se dispute leur chair déchirée en lambeaux.

Vieillards dont l'œil a vu ce siècle à son aurore,
Nestors français, sans doute il vous souvient encore
De ce neuvième hiver, de cet hiver affreux,
Qui fit à votre enfance un sort plus désastreux.

Janus avait rouvert les portes de l'année ;
Et, tandis que la France, aux autels prosternée,
Solennisait le jour où l'on vit autrefois
Le berceau de son dieu révéré par des rois,
Tout à coup l'aquilon frappe de la gelée
L'eau qui, des cieux naguère à grands flots écoulée,
Ecumait et nageait sur la face des champs ;
C'est une mer de glace : et ses angles tranchans,
Atteignant les forêts jusques à leurs racines,
Rivaux des feux du ciel, les couvrent de ruines.
Le chêne, des hivers tant de fois triomphant,
Le chêne vigoureux crie, éclate et se fend.

Ce roi de la forêt meurt. Avec lui, sans nombre,
Expirent les sujets que protégeait son ombre.
Pleurez, jeunes beautés ; pleurez. Les arbrisseaux,
Dont les bouquets fleuris couronnaient vos berceaux,
Ces lilas, ces jasmins et l'immense famille
Des rosiers qui coupaient l'uniforme charmille,
Au retour des Gémeaux, de parfums ravissans
Ne réjouiront pas et votre âme et vos sens.
Empire des jardins, la brûlante froidure
Dans leur germe a séché tes fleurs et ta verdure ;
Et vous, champs amoureux, délicieux séjour,
Où s'ouvrit ma paupière à la clarté du jour,
Brillante Occitanie, hélas ! encor tes rives
Pleurent l'honneur perdu de tes rameaux d'olives !

L'Hiver s'irrite encor ; sa farouche âpreté
Et du marbre et du roc brise la dureté :
Ouverts à longs éclats, ils quittent les montagnes,
Et, fracassés, rompus, roulent dans les campagnes.
L'oiseau meurt dans les airs, le cerf dans les forêts,
L'innocente perdrix au milieu des guérets ;
Et la chèvre et l'agneau, qu'un même toit rassemble,
Bêlant plaintivement, y périssent ensemble ;
Le taureau, le coursier expirent sans secours ;

POEME.

Les fleuves, dont la glace a suspendu le cours,
La Dordogne et la Loire, et la Seine et le Rhône,
Et le Rhin si rapide, et la vaste Garonne,
Redemandent en vain les enfans de leurs eaux.
L'homme faible et percé jusqu'au fond de ses os,
Près d'un foyer ardent, croit tromper la froidure ;
Hélas ! rien n'adoucit les tourmens qu'il endure.
L'impitoyable Hiver le suit sous ses lambris,
L'attaque à ses foyers d'arbres entiers nourris,
Le surprend dans sa couche, à ses côtés se place,
L'assiége de frissons, le roidit et le glace.

Le règne du travail alors fut suspendu.
Alors dans les cités ne fut plus entendu
Ni le bruit du marteau, ni le cri de la scie ;
Les chars ne roulent plus sur la terre durcie ;
Partout un long silence, image de la mort :
Thémis laisse tomber son glaive, et le remord
Venge seul la vertu de l'audace du crime.
Tout le courroux des dieux vainement nous opprime,
Leurs temples sont déserts ; ou, si quelques mortels
Demandent que le vin coule encore aux autels,
Le vin, sous l'œil des dieux que le prêtre réclame,
S'épaissit et se glace à côté de la flamme.

Maintenant ouvre-moi ton palais de cristal,
O gelée! ô démon bienfaisant et fatal!
Je veux de ta naissance éclairer le mystère.
La route où je m'engage est encor solitaire,
Je le sais ; et partout, aux poëtes français,
Des rocs, des monts scabreux en défendent l'accès ;
Là, jamais n'ont coulé les sources d'Aonie.
Mais l'amour de la gloire enhardit mon génie :
J'ai senti l'aiguillon de ses nobles chaleurs,
Et sur un sol ingrat je trouverai des fleurs ;
Je m'en couronnerai. Dans la nature entière,
Circule un océan de subtile matière,
Qui pénètre, environne, assiége tous les corps,
Et qui seule dilate ou presse leurs ressorts.
Tantôt, son flux rapide, embrassant leurs parties,
Est le nœud fortuné qui les tient assorties.
Tantôt, son cours plus lent, de ce lien heureux,
Dégageant par degrés leurs atomes nombreux,
Suspend ou rallentit leur action première.
Si donc, ne dardant plus qu'une oblique lumière,
Aujourd'hui du soleil les faibles javelots
De ce fluide errant laissent dormir les flots,
Sans doute que des corps, où cet agent s'enferme,
Les atomes, liés d'une chaîne plus ferme,

Doivent serrer leurs rangs; et, plus durs, plus épais,
Tranquilles à leur tour, sommeiller dans la paix :
Alors paraît la glace ; alors la terre et l'onde
Sentent se rallentir le feu qui les féconde.

Et si le nitre encor, par les vents apporté,
Darde ses traits aigus, dans l'air moins agité;
S'il frappe tous les corps de ses flèches perçantes,
Un froid nouveau saisit leurs forces languissantes,
D'un sommeil plus profond chaque atome s'endort,
Et le corps tout entier touche enfin à la mort.
Mais la faible action de la flamme solaire,
Et les sels enlevés à la zone polaire,
Seuls, ne produisent point la glace des hivers.
Une cause nouvelle en couvre l'univers :
Osons la pénétrer. De sa vaste science,
Mairan s'offre à guider mon inexpérience.

Au centre de ce globe un brasier est caché.
Ce feu, vers la surface en vapeurs épanché,
Se mêlant aux rayons que le soleil nous lance,
De nos brûlans étés accroît la violence.
Par lui, les végétaux, jeunes ambitieux,
Se dressent sur leur tige et montent vers les cieux.

Le mineur enfumé, qu'au fond d'une caverne,
Sous un sceptre de fer, l'avarice gouverne,
Et pour qui sans retour le doux soleil a lui,
En fouillant des trésors qui ne sont pas pour lui,
A respiré cent fois la vapeur étouffante
Que ce foyer interne en colonnes enfante.
Il fracasse la terre ; et de lui sont formés
Ces terribles volcans, ces gouffres enflammés,
Qui, dans tous les climats, déchirent les montagnes,
Et d'une mer de lave inondent les campagnes.

Et toi, vaste Océan, des glaces respecté,
Tu dois à ce foyer et ta fluidité,
Et le bouillonnement de tes eaux écumantes,
Tes trombes, tes écueils et tes îles fumantes,
Et ce flottant amas de cailloux calcinés,
Qui ceignent d'un rempart les vaisseaux consternés.

Or ce brouillard de feu né du sein de la terre,
Un ressort inconnu quelquefois le resserre ;
Et, son fatal repos endormant leur vigueur,
Les airs restent frappés d'une froide langueur.
La terre la partage ; elle ferme ses veines ;
Et si le triste Hiver règne alors sur nos plaines,

POEME.

La gelée en fureur paraît, et des torrens
Durcit l'onde rapide en rochers transparens.

Cependant ce n'est point sur nous, sur ma patrie
Que le farouche Hiver épuise sa furie.
Eh! qui peut comparer nos plus rudes frimas
A ceux dont Calisto voit blanchir ses climats,
A ces rocs, à ces monts de neiges entassées
Dont les rives du Nord sont partout hérissées?
Là, l'Hiver tient sa cour : là, ce despote, assis
Sur d'énormes glaçons par vingt siècles durcis,
S'entoure d'ouragans, de tempêtes, d'orages,
Ebranle au loin la mer, la couvre de naufrages,
Et tressaille au fracas des navires brisés.

Muse! viens ranimer mes esprits épuisés,
Viens; et que mes pinceaux, plus fiers et plus terribles,
Reproduisent le Nord dans ses beautés horribles.

Si des sommets d'Hécla je vole au Groënland,
Et parcours le Spitzberg, la Zemble et le Lapland,
Qu'y vois-je dans les cieux, sur la terre et sur l'onde?
Ici, durant trois mois règne une nuit profonde :
Là, dans un cercle étroit, le soleil languissant

Ne montre qu'à moitié son disque pâlissant.
Dans ces climats obscurs, muets comme l'Averne,
L'homme s'ensevelit aux creux d'une caverne.
Hélas! l'infortuné, dans cet affreux séjour,
Ne connaît ni les chants, ni les jeux, ni l'amour.
A la voix des besoins, grossièrement docile,
Il ne veut pour ses sens qu'un triomphe facile;
Digne émule des ours dans ses bois dispersés.

Peindrai-je les glaçons l'un sur l'autre entassés,
Voyageant sur les mers en montagnes flottantes,
Et se heurtant au gré des vagues inconstantes?
Désordre du chaos! d'un cours tumultueux,
Ainsi les élémens roulaient tempétueux
Avant que des destins l'éternelle puissance
Aux mondes, aux soleils eût marqué la naissance.
Dirai-je la pâleur et l'effroi des nochers,
Qui, voguant à travers ces monceaux de rochers,
Maudissent, l'œil en pleurs, leur stérile courage,
Et, glacés et tremblans, attendent le naufrage?
En sont-ils épargnés! Un plus funeste sort
Leur prépare à loisir l'angoisse de la mort.
Autour d'eux l'Océan, vaincu par la gelée,
Est lié tout entier de glace amoncelée;

Il cesse de rugir; de traits aigus percé,
Le matelot expire où son chef l'a placé.

Tel fut jadis le sort d'Alfrède et de Wolmise.
Tous deux, sur le rivage où la fière Tamise,
Mollement étendue en un lit de roseaux,
D'une forêt de mâts voit ombrager ses eaux;
Fruits chéris de l'hymen d'Arthur et d'Orlowie,
Tous deux, au même instant, avaient reçu la vie;
En eux tout fut pareil, et l'auteur de leurs jours,
Par une douce erreur, les confondait toujours.
Une femme en ce temps régnait, et de la terre
Attachait les regards sur l'heureuse Angleterre;
C'était Elisabeth. Son peuple, roi des flots,
Faisait voguer au Nord ses hardis matelots.
Willoughby les guidait. Ce chef ardent et sage,
Suivi des fils d'Arthur, va tenter ce passage
Qui, cherché tant de fois et toujours sans succès,
Au voyageur encor n'offrait aucun accès.
Déjà l'heureux vaisseau, fendant les flots de l'Ourse,
Vers les bords de l'Asie a dirigé sa course.
Tout à coup le démon qui, souverain du Nord,
Y règne avec la nuit, la tempête et la mort,
L'Hiver, plus furieux, sur la troupe intrépide,

Ainsi qu'un ouragan, tombe d'un vol rapide ;
Et, dardant ses fureurs jusques au sein des mers,
Autour d'elle, en rochers, durcit les flots amers.
Assis au gouvernail, sans force, sans haleine,
L'œil fixé tristement sur l'inégale plaine,
Le couple fraternel voit la mort s'approcher :
Il se lève. A son chef il la veut reprocher.
Impuissant désespoir ! Leur langue embarrassée
Sent mourir la parole à peine commencée.
Veulent-ils s'avancer, leurs pieds sont engourdis.
Etendent-ils leurs bras, leurs bras restent roidis.
Tout l'équipage expire : et chacun, par la glace
En marbre transformé, debout, garde sa place.

Ces climats, il est vrai, par le Nord dévastés,
Ainsi que leurs horreurs, ont aussi leurs beautés.
Dans les champs, où l'Yrtis a creusé son rivage,
Où le Russe vieillit et meurt dans l'esclavage,
D'éternelles forêts s'allongent dans les airs.
Le jai, souple roseau de ces vastes déserts,
S'incline en se jouant sur les eaux qu'il domine ;
Fière de sa blancheur, là s'égare l'hermine;
La marthe s'y revêt d'un noir éblouissant ;
Le daim, sur les rochers, y paît en bondissant,

Et l'élan fatigué, que le sommeil assiège,
Baisse son bois rameux et l'étend sur la neige.
Ailleurs, par des travaux et de sages plaisirs,
L'homme, bravant l'Hiver, en charme les loisirs.
Le fouet dans une main et dans l'autre des rênes,
Voyez-le, en des traineaux emportés par deux rennes,
Sur les fleuves durcis rapidement voler :
Voyez sur leurs canaux le peuple s'assembler,
Appeler le commerce, et proposer l'échange
Des trésors du Cathay, des Sophis et du Gange.
Là brillent à la fois le luxe des métaux,
Et la soie en tissus et le sable en cristaux,
Toute la pompe enfin des plus riches contrées.
Là même, quelquefois les plaines éthérées
Des palais du Midi versent sur les frimas
Un éclat que l'Hiver refuse à nos climats ;
D'un groupe de soleils l'Olympe s'y décore :
Prodige de clarté, qui pourtant cède encore
Aux flammes dont la nuit fait resplendir les airs.
Aussitôt que son char traverse leurs déserts,
Une vapeur qu'au Nord le firmament envoie,
S'y déployant en arc, trace une obscure voie,
S'allonge, et, parvenue aux portes d'Occident,
Vomit, nouvel Hécla, les feux d'un gouffre ardent.

Dans les flancs du brouillard, la flamme impétueuse
Vole, monte et se courbe en voûte lumineuse
Qu'une autre voûte encor, plus brillante, investit.
Tandis que dans leurs feux la vapeur s'engloutit,
Ces dômes rayonnans s'entr'ouvrent, et, superbes,
Lancent en javelots, en colonnes, en gerbes,
En globes, en serpens, en faisceaux enflammés,
Tous les flots lumineux sous la nue enfermés.
Mais, ô crédulité! dans l'aurore polaire,
Le peuple voit ses dieux qui, brûlans de colère,
Menacent à la fois d'un vaste embrasement
Et la terre et les mers et le haut firmament.
Le Romain y lisait ses discordes civiles,
Le triomphe des rois, la chute de ses villes.
Athènes y plaça le palais radieux
Où Jupiter, en maître, assis parmi les dieux,
Le tonnerre à la main, déployait sa puissance.
Songes à qui l'erreur a donné la naissance,
Evanouissez-vous; la vérité paraît :
La France ingénieuse a surpris son secret.
Cette seconde aurore, innocent phénomène,
Qui, des nuits, sous le pôle, embellit le domaine,
Vit régner trop long-temps des systèmes trompeurs.
Elle n'est point l'effet de ces noires vapeurs,

De ces exhalaisons qui, sortant de la terre,
Aux champs aériens vont former le tonnerre
Et ces feux passagers, amas bitumineux,
Que l'erreur transformait en mondes lumineux;
Elle n'est point l'effet de ces monceaux de glace
Qui des climats du Nord hérissent la surface,
Et jusque dans l'éther, de leurs sommets blanchis,
Lancent du jour mourant les rayons réfléchis.
Comme la déité, que l'Orient voit naître,
D'une source céleste elle a tiré son être,
Et, fille du soleil, elle est digne de lui.
Quoi! des feux de son père elle a cent fois relui,
Et dans elle nos yeux méconnaîtraient son père!
Non; que la déité, par un retour prospère,
Assise avec sa sœur sur les mêmes autels,
Lui dispute l'encens et les vœux des mortels.
Un jour (et le Parnasse en garde la mémoire),
Lasse d'ouïr partout insulter à sa gloire,
Elle implora son père; et, l'œil chargé de pleurs,
Fit parler en ces mots ses naïves douleurs:
« Soleil, à qui je dois tout l'éclat dont je brille,
« Dis-moi, quand feras-tu reconnaître ta fille?
« Entendrai-je toujours les mortels ignorans
« M'avilir, me confondre avec ces feux errans,

« Assemblage grossier de matières immondes,
« Moi qui sors et descends du monarque des mondes?
« Ah! si de ma naissance il faut qu'on doute encor,
« Mon père, arrache-moi cette couronne d'or,
« Ce manteau radieux, cette écharpe azurée,
« Et toute la splendeur dont tu m'as décorée!
« Que ma sœur d'Orient jouit d'un sort plus beau!
« A peine sa lueur annonce ton flambeau,
« Soudain tout l'univers tressaille à sa présence;
« Les poëtes en chœur chantent sa bienfaisance,
« La proclament ta fille, et, pour elle rivaux,
« Cherchent à l'honorer par des concerts nouveaux,
« Cependant que leurs voix me laissent inconnue.
« De quels titres si grands est-elle soutenue
« Pour jouir d'un renom qu'on refuse à sa sœur?
« De ton char, il est vrai, son char est précurseur;
« Mais moi je te succède, et, l'emportant sur elle,
« Je suis de ta beauté l'image naturelle. »
Le souverain des jours, sensible à ses douleurs:
« Ma fille, lui dit-il, je veux sécher tes pleurs.
« Vois ce savant Français, favori d'Uranie,
« Vois Mairan; j'ai fait choix de cet heureux génie.
« Il va dire aux mortels le Dieu dont tu descends. »
Le soleil prend alors un de ces traits puissans

POEME.

Où de notre univers sont gravés les mystères,
Et que son bras réserve aux sages solitaires,
De l'empire des airs ardens contemplateurs.
Le trait frappe Mairan : ses regards scrutateurs,
Eclairés tout à coup d'une flamme divine,
De l'aurore du Nord y lisent l'origine.
Il parle, et ses discours vengent la déité.

Pour moi, si mes pinceaux, sans couleur, sans fierté,
Ne se refusaient point à servir mon génie,
Peut-être qu'introduit au temple d'Uranie,
Des discours de Mairan j'illustrerais mes vers ;
Mais, lasse de fournir à cent portraits divers,
Ma palette s'épuise, et mon pinceau débile
De mes doigts fatigués tombe, et reste immobile.

CHANT DOUZIÈME.

FÉVRIER.

Onze fois, d'une mer couverte de naufrages,
Ma nef à pleine voile a trompé les orages.
L'avoûrai-je pourtant? Interdit et troublé,
Souvent près des écueils mon courage a tremblé.
Je sens même, en dépit de l'espoir que j'embrasse,
Qu'aujourd'hui mon vaisseau reviendrait sur sa trace,
Si le port, d'où long-temps m'ont écarté les dieux,
Au bout de l'horizon ne s'offrait à mes yeux.
Là, je crois voir la Gloire assise sur la rive;
Oui, c'est elle. O triomphe! elle attend que j'arrive.
Taisez-vous, Aquilons; heureux Zéphirs, soufflez,
Et conduisez au port mes pavillons enflés.

Le sceptre de l'Hiver pèse encor sur la terre;
Et l'enfant des hameaux, frileux et solitaire,

Près d'un feu pétillant dans sa cabane assis,
Voit les fleuves, les lacs et les étangs durcis,
La neige, en tapis blancs, sur les monts étendue,
Et la glace, en cristal, aux arbres suspendue.
D'un œil impatient interrogeant les cieux,
Il appelle du Sud le retour pluvieux :
« Vent propice, dit-il, viens, et que ton haleine
« Pénètre les glaçons entassés sur la plaine ;
« Qu'ils s'écoulent ; le bœuf, pressé de l'aiguillon,
« Ouvrira dans les champs un facile sillon. »

Il dit : l'Autan s'éveille, et, d'abord en silence,
Du rivage africain vers l'Europe s'élance ;
Bientôt, tempétueux, il gronde ; et, devant lui,
Dans les antres du Nord l'Aquilon s'est enfui.
Son rival triomphant règne seul en sa place ;
Il détend, par degrés, les chaînes de la glace.
La neige, sur les rocs élevée en monceaux,
Distille goutte à goutte, et fuit à longs ruisseaux.
Ils courent à travers les terres éboulées,
Et, creusant des ravins, inondant les vallées,
Retracent à nos yeux un globe submergé,
Qui de profondes mers sort enfin dégagé,
Et dont les monts naissans, élancés dans les nues,

Sèchent l'humidité de leurs têtes chenues,
Cependant qu'à leurs pieds les flots encore errans
S'étendent en marais, ou roulent en torrens.

Mais déjà ce tribut qu'ont payé les montagnes,
Après avoir franchi les immenses campagnes,
Se répand sur la rive où les fleuves plaintifs
Mugissent sourdement sous la glace captifs ;
Et, crevassant leurs bords pour s'ouvrir une route,
Par cent détours secrets se glisse sous leur voûte.

Le fleuve, accru soudain par ce nouveau secours,
Frémit, impatient de reprendre son cours ;
Dans son lit, en grondant, il s'agite, il se dresse ;
Il bat de tous ses flots la voûte qui l'oppresse ;
Elle résiste encor. Sur son dos triomphant
Le fleuve la soulève ; elle éclate et se fend.
Un effroyable bruit court le long du rivage ;
L'air en gémit ; et l'homme, averti du ravage,
Sort des hameaux voisins, et, muet de terreur,
Va repaître ses yeux d'une scène d'horreur.
Il voit en mille éclats les barques fracassées,
Leurs richesses au loin sans ordre dispersées ;
Les bords en sont couverts. Le vainqueur cependant

Poursuit, enflé d'orgueil, son cours indépendant :
Et pareil au héros qui, promenant sa gloire,
Trainait les rois vaincus à son char de victoire,
Lent et majestueux il s'avance, escorté
Des glaçons qui naguère enchaînaient sa fierté,
Quand un pont tout à coup le traverse et l'arrête.
Par l'obstacle irrité, l'humide roi s'apprête
A livrer un assaut qui venge son affront.
Il rassemble ses flots, les entasse, et, plus prompt
Que le feu de l'éclair allumé par l'orage,
Pousse leur vaste amas vers le pont qui l'outrage,
S'arme d'épais glaçons tranchans, amoncelés,
Et, frappant sans relâche à grands coups redoublés,
Dans ses larges appuis ébranle l'édifice,
Qu'a voûté sur les flots un magique artifice.

Fuis, pars, éloigne-toi ; fuis, mortel imprudent,
De ce toit ruineux sur les ondes pendant ;
Laisse là tes trésors, vain poids qui t'embarrasse ;
Sauve-toi, sauve un fils, seul espoir de ta race.
Eh ! ne sens-tu donc pas tes lambris chanceler ?
Fuis, dis-je, éloigne-toi ; le pont va s'écrouler.
Il s'écroule ; et les cris des femmes écrasées,
Et le long craquement des arcades brisées,

Et le bruyant fracas des glaçons en fureur,
A la foule égarée impriment la terreur.

Ah ! détournons les yeux de ces tableaux sinistres.
Mais, hélas ! de la mort contagieux ministres,
Les autans, enfermés dans un nuage obscur,
Sur la terre aujourd'hui soufflent un air impur;
Et nous avons encor des larmes à répandre.
Ce long froid qui du moins, tous les ans, vient suspendre
Les douleurs des mortels menacés du tombeau ;
Ce froid, qui de leurs jours ranimait le flambeau,
Ne prêtant plus sa force à leur santé mourante,
Ils tombent engloutis dans la nuit dévorante,
Dans la nuit qui confond les pâtres et les rois :
C'est le règne du deuil, et, partout à la fois,
Sous les yeux du soleil, dans le sein des ténèbres,
La voix de la douleur s'exhale en cris funèbres.

Au douzième des mois, ainsi se lamentait
Le peuple qu'en son sein Rome antique portait.
Des sépulcres muets perçant la noire enceinte,
Et d'un ami, d'un père évoquant l'ombre sainte,
Ce peuple, enveloppé de sombres vêtemens,
Trois fois se promenait au fond des monumens,

Y brûlait de Saba les parfums salutaires,
Et couronnait enfin ces lugubres mystères,
Par des libations d'un vin religieux,
Sur l'urne où reposaient les restes précieux.

Ce respect pour les morts, fruits d'une erreur grossière,
Touchait peu, je le sais, une froide poussière
Qui, tôt ou tard, s'envole éparse au gré des vents,
Et qui n'a plus enfin de nom chez les vivans ;
Mais ces tristes honneurs, ces funèbres hommages
Ramenaient les regards sur de chères images ;
Le cœur près des tombeaux tressaillait ranimé,
Et l'on aimait encor ce qu'on avait aimé.
Je l'éprouve moi-même : oui, cent fois, à la vue
Des voiles de la mort, d'une tombe imprévue,
L'image de ma mère enlevée en sa fleur
M'a frappé, m'a rempli d'une sainte douleur ;
J'ai cru voir sa vertu, sa jeunesse, ses charmes ;
Et ce doux souvenir a fait couler mes larmes.

Astre des nuits ! je veux à ton pâle flambeau,
Oui, je veux m'avancer vers ce sacré tombeau :
Guide-moi..... Vain espoir que mon cœur se propose!
Hélas ! trop loin de moi cette tendre repose.

Ma mère ! oh ! si mon œil revoit le bord chéri
Où ton sein me conçut, où ton lait m'a nourri,
Où tes soins aux vertus formèrent mon jeune âge,
Je voue à ton sépulchre un saint pèlerinage ;
J'irai te faire ouïr le cri de mes douleurs,
Et, courbé sur ta tombe, y répandre des pleurs.

Vous cependant, mortels, vous que j'ait fait descendre
Aux lieux où la Mort règne assise sur la cendre,
Pardonnez si mes vers, obscurcis trop long-temps,
Ont fatigué vos yeux de tableaux attristans ;
Malgré moi j'ai suivi ce sombre moraliste,
Ce chantre de la nuit qui, grossissant la liste
Des poisons quelquefois mêlés parmi les fleurs,
Se refuse aux plaisirs, et n'a de goût qu'aux pleurs.
Tais-toi, farouche Young ; ta sublime folie
Remplit d'un fiel amer la coupe de la vie.
Eh ! qu'apprend aux humains ta lamentable voix ?
Que de la mort un jour il faut subir les lois ?
Mais cette vérité, sans toi, tout me l'enseigne ;
Tout me dit que la mort rallie à son enseigne
La foule des humains à la vie arrachés.
N'ai-je pas vu les rois dans la poudre couchés ?
Qui ne sait pas leur gloire au tombeau descendue,

Et de mille cités la splendeur confondue !
Babylone, Ecbatane, Ilion est détruit,
Et l'Orient désert n'en garde que le bruit.

Mais ce qu'on cèle à l'homme, et ce qu'il doit connaître,
C'est qu'il faut se résoudre à voir finir son être,
Sans chercher, dans la nuit d'un douteux avenir,
Un glaive impitoyable affamé de punir ;
Sans refuser son cœur à la douce allégresse ;
Sans craindre des plaisirs la consolante ivresse,
Comme on attend la fin d'un jour pur et vermeil
Pour tomber doucement dans les bras du sommeil.
Quoi ! parce que la nuit finira la journée,
J'irai, traînant partout une âme consternée,
Détourner mes regards de la clarté des cieux !
Je croirai les plaisirs défendus par les dieux,
Et, follement épris des vertus d'un faux sage,
Je n'oserai cueillir des fleurs sur mon passage !
Non, non ; tels ne sont point les conseils, les leçons
Que donne la Sagesse à ses vrais nourrissons :
Sa voix, sa douce voix aux plaisirs les convie.
Entendez-la crier : « Mortels, goûtez la vie ;
« Hâtez-vous, saisissez le jour qui vous a lui,
« Et, demain au tombeau, jouissez aujourd'hui. »

Mais, dieux ! autour de moi quelle clameur sauvage
M'accuse de flatter le honteux esclavage
Des viles passions, des criminels désirs ?
Vous me calomniez, ennemis des plaisirs,
Qu'ai-je fait ? M'a-t-on vu, brisant toute barrière,
Du crime devant l'homme élargir la carrière ?
Ai-je rompu la digue et des mœurs et des lois ?
Mon luth, fidèle écho du plus sage des rois,
Condamne tout excès ; tout excès est folie.
Par la main des plaisirs aux vertus je vous lie ;
J'endors vos noirs chagrins, je charme vos douleurs,
Et vous mène au tombeau par un sentier de fleurs.
Osez donc aujourd'hui, moins sombres, moins sauvages,
Me suivre, et, de la Mort oubliant les ravages,
Promenez vos regards sur de rians tableaux.

Voyez sortir Vénus de l'empire des flots,
Voyez-la qui s'assied sur sa conque azurée ;
Des citoyens de l'onde elle vogue entourée,
Les pénètre d'amour et sourit à leurs jeux.
Déjà sont repeuplés les gouffres orageux ;
Et Vénus, sur un char dans les airs emportée,
Pour essuyer les pleurs de la terre attristée,
Va partout de l'Hiver égayer les loisirs,

Et donne, en souriant, le signal des plaisirs.
Elle vole : un jour pur se répand autour d'elle.
Des filles du Printemps, avant-coureur fidèle,
Le diligent Crocus lève son front doré ;
Tandis qu'au fond des bois, sur un pin retiré,
Le coq de la bruyère, étalant son plumage,
Offre à Vénus les cris de son rauque ramage.

Le char céleste arrive aux portes des cités.
Vénus parle ; à sa voix les jeux ressuscités,
Se ralliant en foule autour de l'immortelle :
« Soutiens de mon empire, écoutez-moi, dit-elle ;
« La gloire de Vénus repose entre vos mains.
« Allez du triste Hiver consoler les humains,
« Et leur faire oublier les torts de la nature.
« Emportez avec vous ma riante ceinture ;
« De ce tissus divin faites sortir pour eux
« Les soins, le doux parler, les désirs amoureux,
« Les refus agaçans et le tendre mystère
« Qui me livre en secret le cœur le plus austère. »

Elle dit ; et les jeux, ministres empressés,
Loin d'elle, au même instant, voltigent dispersés ;
Ils ouvrent en tous lieux la scène des orgies.

A l'éclat des cristaux, au jour de cent bougies,
La muse des concerts, variant ses accords,
Fait soupirer la flûte et retentir les cors.
Son magique pouvoir tour à tour me promène
Dans les gouffres brûlans du ténébreux domaine,
Aux bosquets d'Idalie et dans la paix des cieux.
Je la suis sur les mers : les vents séditieux,
Par elle déchainés, mugissent sur ma tête.
Le tonnerre a grondé ; je pâlis : la tempête
Retombe, l'air s'épure, et la plaine des flots
Répond de toutes parts aux chants des matelots.

La nuit à nos plaisirs vient ajouter encore.
Au sortir des festins l'agile Terpsichore
Jusqu'au réveil du jour assemble ses amans.
Les uns, rayonnans d'or, chargés de diamans,
Dans le palais des rois ennoblissent la danse
Que promène à pas lents une grave cadence;
Les autres, invités à des plaisirs plus vrais,
Déguisant et leur taille et leurs voix et leurs traits,
Courent sous les drapeaux du dieu de la folie,
Et sèment autour d'eux la piquante saillie.
Le folâtre enjoûment, fils de la liberté,
Y circule sans cesse autour de la beauté ;

Par des récits malins la poursuit, l'embarrasse,
Lui peint de ses amans la secrète disgrâce,
Lui vante son adresse à tromper un jaloux,
Et Lycidas heureux du malheur d'un époux :
Scène tumultueuse où, libre enfin de crainte,
L'Amour, ailleurs captif, soupire sans contrainte ;
Mais où ce même Amour, trop de fois outragé,
Se plaint amèrement de noirs soucis rongé.
Là j'ai vu ma Sylvie, à moi seul étrangère,
Autour d'elle assembler la foule passagère,
S'enivrer de l'encens d'un peuple adorateur,
Complaisamment sourire à leur discours flatteur,
D'un silence cruel insulter à ma flamme,
Et se faire un bonheur des tourmens de mon âme.

Oh ! qu'il vaut mieux aux champs consumer son loisir !
C'est là que nul souci n'attriste le plaisir ;
Pur comme les bergers, il anime la danse,
Néglige la mesure, et confond la cadence :
Il est dans tous les cœurs, il vit dans tous les yeux.
L'écho s'éveille au bruit de mille cris joyeux,
Des trompes, des tambours, des chalumeaux rustiques.
Palémon de Bacchus entonne les cantiques,
Tandis qu'à ses côtés les bergères en chœur

Chantent le jeune dieu qui commande à leur cœur.
Destin que j'aimerais ! destin digne d'envie !
Il n'est point au hameau de coquette Sylvie ;
On n'y sait point cacher un tendre sentiment ;
Zénis aime, et Zénis l'avoue ingénûment.
Elle exige, il est vrai, que le dieu d'hyménée,
Au destin de Myras liant sa destinée,
Permette à sa vertu les amoureux désirs.
Eh bien ! couple sacré, de tes chastes plaisirs
L'aurore naît enfin ; ton bonheur se prépare.
Partout de myrtes verts le dieu d'hymen se pare ;
Partout brillent déjà ses flambeaux allumés ;
Ses temples sont ouverts, ses autels parfumés,
Et pour toi, dans les cieux, un beau jour se déploie.

Agitée à la fois et de crainte et de joie,
Zénis prend des hameaux les atours innocens,
Inutile parure à ses appas naissans,
Et, quittant l'œil en pleurs la maison paternelle,
S'avance vers le temple en pompe solennelle.
Le myrte orne son front, ce front plein de candeur,
Qui n'a point à rougir aux yeux de la pudeur.
Sa mère, à ses côtés, pleure et sourit ensemble ;
Et les jeunes bergers, que la fête rassemble,

Doucement attendris à ce tableau touchant,
Soupirent à leur tour et suspendent leur chant.
Sous les portes du temple, où la foule se presse,
Où l'amant a déjà devancé sa maîtresse,
Paraît Zénis ; son cœur, plein d'un trouble secret,
A la virginité donne un dernier regret :
Alors de nouveaux pleurs ajoutent à ses charmes,
Et ses tendres parens se plaisent à ces larmes.

Cependant à l'autel, de flambeaux éclairé,
Monte, en habit de lin, le ministre sacré ;
A la foule nombreuse il impose silence :
On se tait. Les amans, conduits en sa présence,
Debout, et tous les deux se tenant par la main,
Prononcent un serment qui ne sera pas vain ;
Le prêtre le reçoit, et les cieux le bénissent.
Tandis que leurs destins dans l'Olympe s'unissent,
Le pontife, élevant sa main sur les époux :
« O toi, qui par l'amour te fais sentir à nous,
« Qui rapproches par lui les cœurs les plus sauvages,
« Et de l'avide mort répares les ravages,
« Grand Dieu ! sur cet hymen jette un œil de bonté ;
« Fais-le participant de ta fécondité ;
« Que, semblable au palmier qui d'enfans s'environne,

« De nombreux rejetons ce couple se couronne ;
« Que dans ses petits-fils il refleurisse en paix,
« Et meure, plein de jours, sous leur ombrage épais ! »
Il dit ; la foule sort : et, les chants d'hyménée,
Les danses, les festins égayant la journée,
La timide Zénis, seule au milieu du bruit,
Retarde par ses vœux le retour de la nuit.
Hélas ! la nuit arrive, et la chaste Diane
D'un jour mystérieux éclaire la cabane
Où la couche sacrée attend les deux époux :
Ils se lèvent. Gardez de les suivre, ô vous tous
Qui, d'une voix coupable attristez l'innocence !
Le vénérable hymen commande la décence,
La cabane est un temple, et la couche un autel
Interdit aux regards du profane mortel.
Vous seule, de la foule indiscrète et légère,
Vous, mère de Zénis, conduisez la bergère.
Elles marchent ensemble au séjour de Myras,
Qui leur prête, en tremblant le secours de son bras.
Arrivée à ce toit, la bergère attendrie
S'arrête sur le seuil, s'y prosterne et s'écrie :
« Ma mère, donne-moi ta bénédiction ! »
L'œil humide et le cœur serré d'émotion,
La mère étend sur eux sa main faible et tremblante,

POEME.

Veut parler, et ne peut, d'une voix défaillante,
Prononcer que ces mots : « Adieu, vivez unis. »
Elle fuit ; et Myras, sur la main de Zénis
Imprimant un baiser, versant de douces larmes :
« Enfin, nous sommes seuls ! » il dit ; et les alarmes,
Qui de Zénis encor troublaient le jeune cœur,
Se taisent par degrés ; l'Amour en est vainqueur.

L'Amour ! Pourquoi faut-il qu'aux cités moins propice,
Ce dieu n'y prenne point l'Hymen sous son auspice ;
Que le seul intérêt y confonde les rangs ;
Que l'or des publicains y marchande les grands,
Et sans orner un nom en avilisse un autre ?
Si l'Hymen est coupable, ah ! son crime est le nôtre :
Nos mépris chaque jour flétrissent les époux,
Qui, lassés de leur chaine, abreuvés de dégoûts,
Amusent des cités les oreilles oiseuses,
Et fatiguent Thémis de clameurs scandaleuses ;
Et, lorsque nos enfans, qu'unit déjà l'Amour,
Demandent que l'Hymen les unisse à son tour,
Nous repoussons leurs vœux ! L'avarice d'un père
Mettra sur un autel leurs destins à l'enchère !
Barbares ! si nos mains les vendent au malheur,
Ah ! permettons du moins la plainte à la douleur ;

Ou plutôt si la loi, sagement paternelle,
N'opprimait pas l'Hymen d'une chaîne éternelle,
Plus de fiel, plus d'aigreur ; son front pur et serein
Ne se noircirait plus des ombres du chagrin :
On oserait punir le furtif adultère.
O vous donc qui devez le bonheur à la terre,
Rois et législateurs, ouvrez enfin les yeux !
Assez l'homme a gémi sous un joug odieux ;
Que ce joug soit brisé ; qu'une loi plus féconde
Invite les mortels à réparer le monde,
Et que la liberté soit le lien des cœurs :
L'Amour même à l'Hymen envira ses douceurs.

A la Maudre, d'épis et de bois couronnée,
Ainsi mes vers chantaient la marche de l'année,
Tandis qu'en son palais, sur le trône des czars,
La Minerve du Nord inaugurait les arts,
Envoyait son tonnerre aux rives ottomanes,
Vengeait l'antique Grèce et consolait ses mânes ;
Qu'un neveu de Gustave, impatient du frein
Dont la Suède enchaîna le pouvoir souverain,
Le brisait ; mais, soigneux de gouverner en père,
Faisait tout oublier par un règne prospère ;
Que trois ambitieux, profanant la valeur

Par les dieux consacrée à l'appui du malheur,
Sans pressentir qu'un jour leur exemple peut-être,
Contre eux, chez leurs voisins, soulèverait un maître,
Se liguaient, et, tenant tout le Nord en effroi,
Déchiraient la Pologne et dépouillaient un roi ;
Que Frédéric, contraint de reprendre l'épée,
Disputait à Joseph la Bavière usurpée ;
Que Boston, pour ses droits justement révolté,
Les armes à la main, cherchait la liberté,
Et consternait ces rois, de qui le sceptre inique
Ne croirait point régner s'il n'était tyrannique ;
Que Franklin, des lauriers par Washington cueillis,
Associait sa gloire à la gloire des lis ;
Qu'à la voix de Bourbon, des hautes Pyrénées,
Les forêts descendaient sur les mers étonnées,
Menaçaient la Tamise, et lui montraient l'écueil
Où de Londres, un jour, peut se briser l'orgueil ;
Que de l'Ibère enfin la pieuse furie
Flétrissait un vieillard, l'honneur de sa patrie,
Et solennellement replaçait aux autels
L'hydre avide de l'or et du sang des mortels.

Et moi, durant ces jours d'injustice et de guerre,
Oubliant tous ces rois qui désolaient la terre,

Heureux, je célébrais l'heureuse paix des champs ;
Elle avait tout mon cœur. Les vœux les plus touchans
Attendrissaient pour elle et ma voix et ma lyre ;
Echo les entendit, Echo peut le redire.
Ah ! jusques à la mort puissé-je conserver
Cet amour d'un bonheur si facile à trouver !

FIN.

TABLE DES MATIÈRES.

Notice sur Roucher..................................		Page	v
Les Mois, poëme..			1
Le Printemps.	Chant Ier.	Mars................	3
	Chant II.	Avril................	26
	Chant III.	Mai.................	52
L'Eté...........	Chant IV.	Juin................	77
	Chant V.	Juillet..............	103
	Chant VI.	Août................	125
L'Automne....	Chant VII.	Septembre.........	149
	Chant VIII.	Octobre............	171
	Chant IX.	Novembre..........	195
L'Hiver........	Chant X.	Décembre.........	219
	Chant XI.	Janvier.............	242
	Chant XII.	Février.............	270

FIN DE LA TABLE.

Contraste insuffisant

NF Z 43-120-14

www.ingramcontent.com/pod-product-compliance
Lightning Source LLC
Chambersburg PA
CBHW071533160426
43196CB00010B/1755